AF474768

OBSERVATIONS
SUR LES OUVRAGES
DE MM.
DE L'ACADE'MIE
DE PEINTURE ET DE SCULPTURE,

Exposés au Sallon du Louvre, en l'Année 1753,

Et sur quelques Ecrits qui ont rapport à la Peinture.

A MONSIEUR LE PRE'SIDENT DE B**.

Sum ex iis qui miror Antiquos ; non tamen, ut quidam, temporum nostrorum ingenia despicio ; neque enim quasi lassa & effeta natura est ut nihil laudabile pariat.

Plin. Juv. Lib. VI. Epist. 21.

1753.

OBSERVATIONS

SUR LES OUVRAGES

DE MM.

DE L'ACADÉMIE

DE PEINTURE ET DE SCULPTURE,

Exposés au Sallon du Louvre, en l'Année 1753.

Et sur quelques Ecrits qui ont rapport à la Peinture.

A MONSIEUR LE PRÉSIDENT DE B**.

Sum ex iis qui mirer Antiquos; non tamen, ut quidam, temporum nostrorum ingenia despicio: neque enim quasi lassa & effeta natura est, ut nihil laudabile pariat.

Plin. Jun. Lib. VI. Epist. 21.

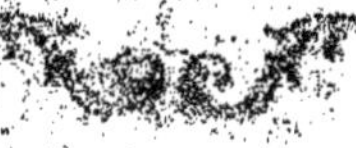

1753.

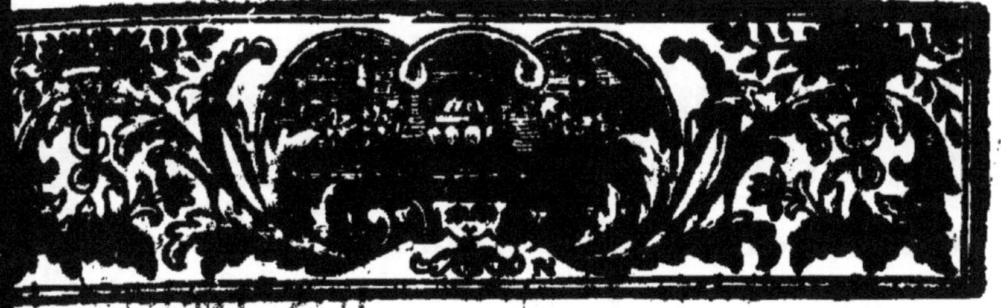

A MADAME LA COMTESSE D'O * *, d.

MADAME,

QUOIQUE je m'attendisse à votre départ, je n'en ai reçu la nouvelle qu'avec peine, & j'en ferois inconsolable, si vous ne nous flattiez d'un prompt retour. Il est si rare de trouver des Femmes qui vous ressemblent, qui ayent autant de raiſon que d'eſprit, & dont le commerce des Sçavans & des Sciences, n'ait pas tourné la tête. Il en faut convenir, les Anglois l'ont plus forte que nous: votre ſexe même à ce que je vois, participe à cet heureux avantage; ainſi votre modeſtie n'a point à ſe plaindre de moi: ce n'eſt point ici votre éloge particulier que je fais; c'eſt une juſtice que je rends à votre Nation. Il n'eſt pas moins vrai pour cela, que c'eſt l'excellence de votre eſprit, qui vous a garantie de l'écueil où l'on voit échouer la plûpart des Femmes Sçavantes, je veux parler de l'orgueil, qui les rend ſouvent ſi ridicules. Nos Françoiſes n'ont pas le bonheur de vous reſſembler.

» La premiere qui ſçait ce que veut dire x x

» Se croit dans son espéce un prodige, un
» Phenix :
» Chacun à son avis, doit penser ainsi d'elle ;
» L'amour propre à tel point lui tourne la cer-
» velle,
» Qu'on pourroit sans scrupule, & pour bon-
» nes raisons,
» Renfermer ce prodige aux petites-Maisons.

Je ne suis pas surpris de vous voir au-dessus de ces préjugés, où chaque Nation est sujette : les esprits d'une certaine trempe n'en sont pas susceptibles ; mais comme je sçais que vous êtes vraye, je trouve qu'il est bien honnête à vous de regretter Paris, après six mois de séjour, vous qui en avez fait un de douze ans en Italie.

Vous nous avez vu avec indulgence, vous aviez pourtant le droit d'être difficile. Vous avez bien voulu vous contenter de ce que vous trouviez chez nous ; c'est encore un trait de générosité angloise, & ce n'est pas le seul qu'ayent admiré en vous, ceux qui ont eû ici le bonheur de vous connoître. C'est à nous, Madame, à regretter une personne qui posséde tant de qualités, qui sans être contraires, se trouvent si rarement réunies. Eh, que sont les talens aimables, où manquent les vertus essentielles Le compliment vous étonnera peut-être, je ne craindrai pourtant pas de vous le dire : il est de l'intérêt de l'Angleterre de vous renvoyer au plutôt parmi nous ; ce qu'elle perd par votre absence, elle le gagne avec usure, par la haute idée que vous laissez par-tout, d'une Nation où le Sexe même est philosophe. C'est l'avis de M. l'Abbé Buon del Monte, & de tous vos Amis d'Italie.

Vous avez fait usage parmi

nous, de cette Philosophie, qui sçait s'accommoder à tout. Florence, Rome, Naples, ont à la vérité de grands avantages, soit par la beauté du climat, soit par les chefs-d'œuvres multipliés des Arts que vous aimez, & dont vous avez une connoissance si parfaite. Vous n'avez point vu la Capitale de la France avec les yeux de ceux qui en ont fait des descriptions, & il faut en convenir de bonne foi, autant le Louvre l'emporte peut-être sur tout ce qui existe d'Architecture ancienne & moderne, autant dans la partie de la Peinture, Rome l'emporte sur Paris. Vous y avez trouvé d'autres ressources & des amusemens qu'on chercheroit ailleurs inutilement, de la douceur dans les mœurs, un esprit de société, un commerce de politesse & d'agrément entre les deux Sexes, qui perfectionne les différentes qualités de d'un & de l'autre, & auquel la Nation doit une partie des avantages qui la distinguent de ses voisins.

A Londres, on ne vit pas avec les Femmes ; à Rome, on ne les voit pas sans un excè de cérémonie qui fatigue ; à Paris, elles jouissent de leur droit naturel, qui est de faire les délices de la Société. D'ailleurs, avec un esprit aussi étendu, aussi cultivé & aussi sage que le vôtre, on peut se plaire par tout, & l'on est sûr de plaire à tout le monde. Si ce Portrait est un éloge, ce n'est pas encore à moi qu'il faut s'en prendre ; j'ai de bons garants de la vérité de ce que j'avance ; je ne vous en citerai que deux, M. le P.

de Montesquieu, & M. de Buffon. Ce sont vos amis à la vérité; mais le Public vous dira que je ne puis choisir de meilleurs juges en fait de mérite, & vous n'avez pas le droit d'appeller de leur jugement, vous qui les reconnoissez avec raison pour deux Philosophes de cet ordre sublime, dont les Ecrits feront passer à la postérité la plus reculée, les lumieres qu'ils ont apportées à leur siécle. J'avoue avec vous qu'on n'auroit pas dû s'attendre de voir paroître en France, *l'esprit des loix*, & *l'Histoire naturelle*. L'Angleterre a raison d'être jalouse de deux Ouvrages, ausquels toute riche qu'elle est en Livres Philosophiques, elle n'a rien à opposer.

Vous me mandez, Madame, que vous êtes fâchée que vos affaires ne vous ayent pas permis de rester assez à Paris, pour assister à la reception de M. de Buffon à l'Académie Françoise, & pour voir l'exposition des Tableaux au Louvre, car votre génie universel embrasse tout, & les Arts ne vous touchent pas moins que les Sciences. Le nouvel Académicien m'a remis pour vous, un Exemplaire de son discours que je vous envoye. C'est le principal, ou plutôt, c'est l'unique objet de ces Séances publiques, qui d'ailleurs, n'ont pour attirer la curiosité des étrangers, que le plaisir d'y voir rassemblés les hommes de lettres les plus illustres de la Nation.

M. de Buffon, au lieu de suivre la route tant de fois rebattue dans ces remercimens publics, s'en est frayé une toute nouvelle, où ceux qui voudront le suivre, courront le risque de s'égarer. Dans ce qu'il a écrit sur le style, l'exemple est joint au précepte ; en Philosophe autant qu'en Orateur, il n'apprend pas moins à penser qu'à écrire : comme tous les Arts se tiennent ainsi que l'a remarqué Ciceron, & qu'ils ont à peu près les mêmes principes, les leçons qu'il donne aux Ecrivains, peuvent être aux Peintres même. En enseignant ce qu'on doit observer dans le plan d'un Poëme, ou de tout autre ouvrage d'esprit, il apprend à composer un Tableau, il en expose lui-même un à la fin de son discours, des plus nobles & des plus pathétiques, & que tout Peintre qui a de l'imagination, peut rendre avec autant de facilité, que ces Tableaux anciens, dont Pline nous a laissé des descriptions. Vous en jugerez vous-même, & je crois que vous ne trouverez pas moins de chaleur dans le Peintre, que vous aurez trouvé de raiſon dans le Philoſophe.

Pour ce qui regarde l'expoſition des Tableaux de l'Académie de Peinture, je vous envoye une lettre imprimée qui en rend compte. L'Auteur eſt de ceux qui croyent ſe connoître aux choſes qu'ils aiment, & qui penſent qu'il n'eſt pas néceſſaire de profeſſer un Art pour en pouvoir parler. Peut-être avec des yeux auſſi éclairés que les vôtres, eût-il mieux vû, mais du moins on doit lui tenir compte de ſes intentions, elles ſont bonnes. Il ne paroît en effet s'être propoſé pour but en tout ce qu'il a écrit, que l'avantage des Artiſtes & le progrès des Arts, qui, vous l'avouerez vous-même, vous qui connoiſſez ſi bien l'Italie, fleuriſſent aujourd'hui plus en France que dans tout le reſte de l'Europe.

Enfin, Madame, pour vous obéir en tout, je finis cette lettre par la traduction que vous demandez, & que je fis autrefois en Angleterre : je ſouhaite que vous en penſiez comme M. S**, qui vous en a parlé ; mais je crains bien que vous ne trouviez pas dans la Copie toutes les beautés de l'original ; n'oſant me flatter d'atteindre aux graces du coloris, j'ai tâché du moins de rendre l'exactitude du deſſin.

IMITATION
D'UNE ODE ANACREONTIQUE
DE M. PRIOR.

Il est des esprits satyriques,
Je les plains, ils sont malheureux,
Mais que m'importent leurs critiques,
Je n'ai jamais écrit pour eux.

Je ne chante que la Jeunesse,
Les Jeux, les Ris & la Beauté,
Puissent mes chants avoir sans cesse
Les graces de la nouveauté.

S'ils sont repétés par les Belles,
J'ai de quoi braver tes mépris,
Triste Censeur, ce n'est que d'elles
Que j'en veux recevoir le prix.

Quel que soit le feu qui m'inspire,
Aux Muses je fais peu ma cour ;
Venus ! daigne monter ma lire :
Je ne veux chanter que l'amour.

L'éclat d'une illustre mémoire
N'est point l'objet de mes desirs.
Aux attraits d'une vaine gloire,
Je préfére ceux des plaisirs.

Apollon! si jamais je change,
Epris pour une autre Daphné,
Moi-même à ton destin étrange,
Puissai-je me voir condamné!

Puissai-je contre mon attente,
Victime d'un orgueil grossier,
Manquer une Nymphe charmante,
Et n'embrasser qu'un vain laurier!

Je suis avec le plus profond respect,

MADAME,

Votre très-humble & très-obéissant serviteur. * * *

De Paris, le 30 Octobre 1751.

AVERTISSEMENT.

AVERTISSEMENT.

L'AUTEUR de cet Ouvrage ne l'avoit entrepris que dans l'espérance qu'il paroîtroit avant la clôture du Sallon. Son intention étoit, que ceux qui s'intéressent au progrès & à la gloire des Arts, pussent l'avoir sous les yeux, en même tems que les Tableaux, qui sont le sujet de ses Observations. Il se flattoit, qu'à ces conditions, le Lecteur auroit pu lui pardonner les fautes de toute espéce, qu'entraîne nécessairement un travail précipité. C'est dans cette espérance, qu'au lieu de juger lui-même, (autorité qu'il n'a garde de prendre, lui qui blâme si fort ceux qui osent l'usurper) il ne se proposoit autre chose, que de faire les fonctions de Rapporteur; dans une cause qu'il a cru pouvoir soutenir avec honneur, & qu'il craignoit encore, que des gens mal intentionnés n'exposassent défavorablement au Tribunal du Public, le seul juge & des Tableaux &

des Ecrits, & du bon & du mauvais goût, &, pour tout dire, des hommes & des choses. Des obstacles que l'Auteur ne pouvoit prévoir, ont fait échouer son dessein : il y eut même renoncé, s'il eut sçû plutôt qu'un autre eut travaillé dans les mêmes vûes que lui. Lorsque les intentions sont droites, & que l'intérêt général est le principal objet, il en coûte peu à un Phisophe pour sacrifier de petits intérêts d'amour propre qu'il écoute quelquefois, mais qui seuls, ne le décident jamais. Il est indifférent de qui vienne la lumiere, il importe uniquement que le Public soit éclairé. Des personnes dignes de foi, à qui l'Auteur avoit expliqué ses intentions, sont à portée de lui rendre justice à cet égard. Cependant, à la campagne où il étoit pendant le cours de l'impression de cet Ouvrage, il a reçu avec quelque surprise, mais lu avec beaucoup de plaisir, la LETTRE A MONSIEUR LE MARQUIS DE V***, qui paroît dictée par ce même esprit d'utilité publique, & où régne en effet *ce ton d'impartialité & de modération*, qui fait le caractere des Ecrivains, qui ont quelque ſentiment d'honnêteté, & ſans lequel les critiques ne ſont que des Satyres. L'Auteur des Obſervations ne peut qu'être flatté d'une pareille conformité avec celui de cet Ecrit, elle ſeroit même ſa juſtification, s'il en avoit beſoin. D'ailleurs, ſi l'un & l'autre penſent de même ſur pluſieurs Tableaux, il s'en trouve beaucoup d'autres, ſur leſquels leurs ſentimens ne ſont pas auſſi uniformes. Le goût eſt une choſe tellement arbitraire, que le Public voit, & peut-être ſans peine, ces différences d'avis ſur des objets de pur agrément. Lorſque la paſſion n'y a aucune part, elles ne peuvent ſervir qu'à l'éclairer davantage ſur les jugemens qu'il eſt ſeul en droit de porter, & qu'il ne prononce en effet, que lorſqu'il eſt ſuffiſamment inſtruit. Il eſt arrivé à des Philoſophes préſomptueux, de le citer lui-même à leur propre tribunal, & pour le trouver en défaut, de charger le général des erreurs des particuliers. Mais la raiſon a toujours appellé de ces Sentences rendues par des Juges incompétens, & n'a jamais reconnu d'autres Arrêts que les siens. On ne doute pas que l'Anonime, qui a écrit la lettre dont on vient de parler, ne se soumette avec le même respect, à ses décisions. L'esprit qui régne dans cet Ecrit, feroit même soupçonner, que c'est à l'ingénieux Auteur du nouvel *Essai sur l'Architecture*, que l'on est redevable de cette espéce d'Essai sur la Peinture; & en ce cas, l'un & l'autre prouvent, que dans tous les Arts qui sont du ressort du goût, il mérite plus que le titre d'Amateur, qu'il a eû la modestie de prendre.

OBSERVATIONS

OBSERVATIONS

Sur les Ouvrages de MM. de l'Académie de Peinture, exposés au Sallon du Louvre en l'année 1753. & sur quelques Ecrits qui ont rapport à la Peinture.

A MONSIEUR LE PRÉSIDENT DE B. **

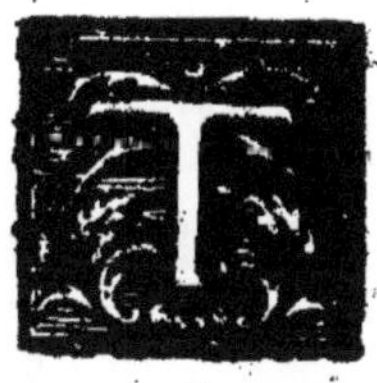

ROUVEZ bon, Monsieur, que je vous adresse ces observations sur un Art que vous aimez, & dont vous connoissez toute l'excellence.

C'est un tribut que je vous dois : votre modestie qui ne me permet de mettre à la tête de cet Ouvrage que la Lettre initiale de votre nom, m'empêche de rendre cet hommage aussi public que je le souhaiterois. J'y ai d'autant plus de regret, que si personne ne fait plus d'honneur que vous à notre commune Patrie, personne aussi ne seroit plus aise que moi de vous rendre à cet égard la justice qui vous est due. Il est vrai que mes éloges ne pourroient rien ajouter à la célébrité de votre nom. Est-il quelqu'un en effet dans la République Littéraire, qui ne sçache que vous n'avez pas moins hérité de l'érudition que de la Bibliotheque de Monsieur le Président B**? Que chez vous le sçavoir est orné de toutes les graces de l'esprit & de ce goût, que ni le sçavoir ni l'esprit ne donnent, mais qui releve si fort le prix de l'un & de l'autre? En voilà plus qu'il ne faut, pour mettre le Public dans ma confidence. Avec quelque peu d'art que j'aye ébauché ce portrait, il a des traits trop caractéristiques pour n'être pas aisé à reconnoître.

Comme je suis Citoyen, j'aime ceux qui le sont, & avant que d'entrer en matière, je remercierois volontiers M. de Vandieres au nom du Public, de ce qu'il nous a procuré cette année une exposition des Ouvrages de MM. de l'Académie de Peinture. L'émulation

A

anime les talents *, & l'admiration publique les multiplie ** : c'eſt par ce double effet qu'un pareil concours peut être ſi avantageux au progrès des Arts dont M. de Vandieres eſt le chef; titre qu'il mérite également, & par l'amour éclairé qu'il leur porte, & par ſon attention continuelle à encourager ceux qui les cultivent. Il en a puiſé le goût à la ſource. Tout ne peut manquer de proſpérer, lorſque celui à qui une adminiſtration eſt confiée, a les talents qu'elle ſuppoſe, & qu'il joint à la connoiſſance l'amour de ſes devoirs.

L'expoſition des Tableaux dont je vais parler, en eſt une preuve : Si MM.

---

* *Homo ita natus eſt, ut quæ cum æmulatione quædam perfici debent, eâdem omni nervorum contentione curet, quæ verò abſque æmulatione perficiuntur cum quâdam negligentiâ peragat, adeòque inertiâ & ignaviâ noſtros animos complet quidquid omni caret adverſario. Semper enim facilè excitatur animus ſtudio alios ſuperandi, ut in ardua tendat.* Themiſtius Orat. III.

** *Plauſibus ex ipſis populi, lætoque favore*
Ingenium quodvis incaluiſſe poteſt.
Ovid. 2. de Ponto Eleg. 4.

de l'Académie ont fait de nouveaux efforts pour mériter les suffrages du Public, on peut dire qu'ils les ont obtenus avec une sorte d'acclamation qu'entraîne une approbation générale, & dont il n'y avoit pas encore eu d'exemple au Sallon. Tout le monde convient que depuis long tems on n'y avoit vu une pareille quantité d'aussi beaux Tableaux que ceux qui y sont exposés. C'est la seule raison qui m'engage, Monsieur, à vous en entretenir : il est agréable de n'avoir à rendre compte que d'Ouvrages estimés à juste titre. Comme les degrés de talents sont différens dans les hommes, il n'est pas possible que tous arrivent au même point de perfection. Mais le Public est équitable, & lorsque dans un Ouvrage il trouve plus à louer qu'à blâmer, il est satisfait, & par conséquent l'Auteur lui-même doit être content.

Je ne vous parlerai néanmoins que des principaux Tableaux, c'est-à-dire de ceux dont le Public a paru faire le plus de cas. Quoique tous les Peintres ne puissent pas arriver au même degré de perfection, il n'en est aucun où l'on ne trouve quelque chose de bon. Pour entrer dans ce détail, il faudroit faire un véritable ouvrage, où l'ennui seroit d'autant plus à craindre, qu'il seroit plus considérable. Si l'on ne peut louer toute sorte de Tableaux sans se rendre suspect d'ignorance ou d'une complaisance trop basse, il y auroit de l'injustice à n'estimer que ce qui est parfait. Je ne sçache pas qu'aucun Artiste puisse me sçavoir mauvais gré de l'impossibilité où je me trouve de parler de chacun d'eux en particulier, le silence auquel je suis forcé sur plusieurs, n'a rien de contraire à l'estime due à leurs talens. *Multorum Artificum obscurior fama est, quorumdam claritati obstante numero Artificum; quoniam nec unus occupat gloriam, nec plures pariter nominari possunt.* *

Je me conformerai pour l'ordre à celui qui est observé dans le petit livre de l'explication des Tableaux qui se débite au Louvre, & qui est imprimé chez Collombat.

---

* *Plin.* XXXVI, 5.

Le N°. 1. indique un grand Tableau de M. Restout, le digne Eléve de M. Jouvenet : il représente le Roi Assuerus qui prononce l'Arrêt de mort contre Aman. Il est aisé de s'appercevoir que ce Tableau est d'un homme qui vise aux grands effets & qui entend les grandes machines. *Harent ac stupent hominum oculi cum hujus facti pictam imaginem vident, casusque antiqui conditionem præsentis spectaculi admiratione renovant : in illis multis membrorum lineamentis, viva ac spirantia corpora intueri credentes.* * La figure d'Assuerus a cette noblesse & cette majesté Royale qui doivent la caractériser. L'attitude & l'expression peinte sur le visage de celle d'Aman, font sentir toute la terreur dont il est frappé. On pourroit souhaiter dans ce Tableau que les têtes des Femmes fussent un peu moins maniérées. Mais quels sont ceux où il n'y a pas quelque chose à desirer ?

Le second Tableau représente Notre Seigneur qui donne les clefs à saint Pierre, & rend toute la noblesse &

* *Valer. Max.*

toute l'élévation de l'action qui en est l'objet.

Le Repos en Egypte, quoique fait pour être vu de plus près, est d'une touche aussi vigoureuse que ces grandes compositions. C'est un petit Tableau qui fait un grand effet, & c'est ce qu'on ne peut attendre que des Maîtres de l'Art.

M. Vanloo accoutumé à briller au Sallon par la fraîcheur & l'éclat de son coloris, paroît s'être surpassé lui-même cette année. Il excelle dans cette partie de l'Art si agréable & si précieuse. La couleur a été regardée de tout tems, comme l'ame & l'achévement de la Peinture. La beauté de ses compositions ne prouve pas moins combien il est capable de former les Eléves protégés dont le soin lui est confié. Ses Ouvrages plaisent également, & à ceux qui se connoissent en Peinture, & à ceux dont les yeux y sont le moins exercés. C'est l'effet que produisent nécessairement les belles choses. Les ignorans même admirent Raphaël.

Le grand Tableau destiné pour l'Eglise de Notre-Dame des Victoires, & qui représente la dispute de Saint Auguſtin contre les Donatiſtes, eſt un de ceux où M. Vanloo a donné le plus de preuves de ſon talent. Il eſt compoſé avec autant de ſçavoir que de jugement. Tout le monde y admire la ſimplicité & la nobleſſe avec leſquelles le ſujet y eſt traité, le beau choix des airs de tête, l'expreſſion & la vie qui ſont dans les principales. Celle de Saint Auguſtin paroît pleine de ce feu que lui inſpirent & ſon éloquence & l'importance de la matiere dont il parle. L'attention la plus forte eſt ſi heureuſement rendue dans les yeux de la plûpart de ceux qui l'écoutent, & ſpécialement dans ceux du Secrétaire de la Conférence, qu'on ne peut s'empêcher de chercher à y deviner les réflexions dont leur eſprit paroît occupé. La figure du Comte Marcellin qui eſt ſur le devant du tableau, eſt ainſi que les autres figures principales, deſſinée & drapée de grande maniere. Les draperies ſont amples & convenables à la dignité des perſonnages, remarquables non par la quantité, mais par l'ordre ſimple & naturel des plis qui ne ſont point trop adhérents. On n'y voit point de ces ombres qui ne font que des taches, la lumiere au contraire y est distribuée avec intelligence, & ceux des plis qui reçoivent le jour contribuent à étendre le clair aux endroits où la masse le demande.

La vérité & la vie qui sont peintes dans la figure du Comte Marcellin, font une telle illusion qu'elle semble respirer. Ce Guerrier joint à la noblesse un caractere de fierté qui fait un contraste heureux avec l'air grave, mais simple, des Evêques assemblés à cette Conférence. *Mirum in hâc arte est, quod nobiles viros nobiliores facit.*

Le fonds d'Architecture est riche & traité avec intelligence pour la partie de la Perspective. Peut-être auroit on pu dégrader davantage la couleur de quelques Rochets violets qui sont dans le fonds. Ils paroissent trop du même ton que ceux du devant. La couleur locale est une des grandes parties de la Peinture. Ce n'est pas une critique que je fais, c'est un soupçon que je propose; je n'ai garde d'entreprendre de donner des leçons aux Maîtres de l'Art.

Des trois autres Tableaux qui sont au-dessous de celui-ci, l'un représente la

Vierge & l'Enfant Jesus : M. Vanloo a déja prouvé qu'il sçait traiter ces sujets avec autant de grace que de noblesse.

L'autre représente saint Charles Borromée prêt à porter le Viatique aux malades, & c'est un des plus beaux Tableaux d'expression que l'Ecole Françoise ait encore produit. Quelle noblesse! quelle dignité! quelle sainteté dans cette figure! Elle est représentée prosternée aux pieds des Autels avec un air d'humiliation & de vénération que la présence de Dieu lui inspire, & dont le Saint pénetre lui-même tous ceux qui le regardent. Cette figure est dessinée & drapée du meilleur goût. Le fonds d'Architecture est traité avec tout le sçavoir & toute l'intelligence possible. Dans un petit espace, il fait sentir un grand lieu. Les yeux sont sur-tout enchantés de la beauté & du brillant des couleurs de ce Tableau qui sont fieres mais amies. M. Vanloo a le bonheur de s'être attaché à la partie la plus noble de la Peinture, & d'y avoir reussi à un point qui ne lui permet pas de craindre aucun concurrent en Europe.

Le Tableau de sainte Clotilde Reine

de France, qui est au milieu de ces deux-ci ne mérite pas moins d'éloges ; je dois remarquer, à l'honneur de M. Vanloo, l'attention qu'il a toujours de faire paroître la sainteté aimable ; la beauté de cette figure n'est point ordinaire, c'est celle de son ame peinte sur son visage qui en fait le principal attrait. Ce grand Artiste à cet égard, est un modele que l'on peut proposer à ceux qui peignent des sujets de dévotion. S'ils ne l'inspirent pas, quelques beaux que soient leurs tableaux, ils ont manqué leur but.

Le petit tableau tiré du cabinet de M. de Vandieres a tout le mérite de son genre, & prouve que M. Vanloo réussit en tous ceux où il lui plaît d'exercer son talent. Le dessein, la couleur, l'expression, les graces, tout s'y trouve : la beauté de son Antiope est en effet digne de l'amour de Jupiter.

Dans son portrait fait par lui-même, on ne reconnoît pas moins ses traits, que l'excellence de son pinceau. Il est de grande maniere. Autant sa couleur tient de celle de Rubens, autant l'art qui est dans ce portrait approche de celui de Vandeck.

La nature est rendue avec une vérité piquante dans les quatre dessus de Porte faits pour le Château de Belle-Vûe & qui représentent la Peinture, la Sculpture, l'Architecture & la Musique caractérisées par des Enfans. M. Vanloo a sçu donner beaucoup d'esprit à toutes ces petites figures. Celle du Sculpteur qui travaille au buste du Roi est pleine de feu & de génie. La petite fille qui touche du clavecin & celle qui sert de modele au Peintre, sont les figures les plus naïves, les plus ingénues & les plus agréables que l'on puisse voir. Ces quatre Tableaux sont un badinage, mais l'élégance & la noblesse qui y régnent annoncent le badinage d'un grand homme.

Le N°. 10. annonce de M. Boucher, c'est-à-dire du Peintre des Graces, les deux Tableaux qui en étoient peut-être le moins susceptibles, & où cependant il en a mis le plus, puisqu'il ne s'agissoit que d'y représenter le lever & le coucher du Soleil; mais son génie créateur enrichit tout ce qu'il traite.

Gratia cum primis decor & nativa venustas
Eniteant tabulis, & spiret amabile tela
Nescio quid.

Il eſt peut-être de tous les Peintres le plus fidele à obſerver ce précepte. Ces deux Tableaux ſont faits pour être exécutés en tapiſſeries à la manufacture des Gobelins. Il ſeroit difficile à tout autre que lui, d'en imaginer d'auſſi riches & d'auſſi galantes, il excelle en de ſemblables ſujets. Il les a composés non-ſeulement en Peintre, mais en Poëte; & l'on ne peut qu'y admirer la fécondité de ſon imagination & la beauté de ſon génie. Tout y eſt penſé, raiſonné & combiné de maniere que chaque tableau eſt un tout où les différentes parties ſont liées, & concourent mutuellement à faire valoir l'objet principal.

Dans le premier, le Soleil ſous la forme d'Apollon, quitte à regret le ſein de Thétis, & l'on lit dans les yeux de ce Dieu, que c'eſt celui de la volupté. Une des Heures lui amenne ſon char, en l'avertiſſant que l'Aurore vient de partir. Dans un coin du Tableau on apperçoit les chevaux du Soleil tels qu'Ovide les peint, reſpirant le feu & l'impatience. Un Amour verſe de l'ambroiſie ſur les mains d'Apollon; Thétis lui préſente ſa lyre, tandis que des Néréïdes lui attachent ses brodequins. Parmi celles qui sont sur le devant du Tableau, il y en a une qu'on ne se lasse pas de regarder. Elle a cette naïveté aimable & touchante qui fait le caractere de l'une des Graces. On ne sçait où M. Boucher trouve les modeles de ce genre de beauté. On y reconnoît la nature, quoique rarement elle soit aussi piquante. La plûpart des Peintres se contentent de la rendre telle qu'elle est : l'imagination de M. Boucher l'embellit : il n'en saisit que ce qu'elle a de précieux ; il acheve ce qu'elle a laissé d'imparfait ; il ajoute des graces à ce qui n'a souvent que de la beauté. Ce caractere, dont tous ses Ouvrages portent l'empreinte, est l'effet d'un don qui lui est propre.

Rarum homini munus, Cælo, non arte petendum. *

Dans le second de ces Tableaux, les chevaux du Soleil commencent déja à entrer dans la mer, & l'on voit ce Dieu descendre, ou plûtôt s'élancer de son char dans les bras de Thétis, qui paroît

* Du Fresnoy, *de Arte Graphicâ.*

l'attendre avec toute l'ardeur du desir. Non-seulement par les attributs, mais par le coloris même, M. Boucher a si bien sçu caractériser cette figure, qu'elle est aisée à reconnoître pour la Déesse de la Mer. Ses draperies sont de la couleur de cet élément, ses cheveux même qui sont d'un gris argenté, semblent en participer, & sont d'un ton qui rend cette tête extrêmement piquante. Cette Thétis est vraiment telle qu'un Philosophe exige qu'une femme soit pour paroître belle. *Non est formosa mulier cujus crus laudatur aut brachium, sed illa cujus universa facies admirationem singulis partibus abstulit.* *

On voit dans le haut du Tableau la Nuit qui déploye ses voiles, & sur le devant des Tritons & des Néréïdes qui marquent par leurs attitudes la joye que le retour du Soleil leur inspire. Ces figures sont toutes touchées selon leurs divers caracteres, les unes avec force, les autres avec douceur & tendresse. Il étoit d'autant plus difficile de leur donner de l'effet, qu'elles sont peintes sur

---

* *Seneca Epist.* 33.

des fonds lumineux & tranſparents, tels que le Ciel & la Mer. Dans ces Tableaux tout eſt vague, tout eſt aërien, la touche du pinceau toujours variée ſelon la nature des différens objets, fait ſentir également & la force des Tritons, & la délicateſſe des chairs des Néréïdes, la tranſparence de la Mer, & le vuide de l'air. Les lumieres larges & qui ſe perdent inſenſiblement dans les ombres qui les ſuivent & qui les entourent, détachent les figures du fonds qui eſt léger, fuyant & vague, parce qu'il eſt fait de couleurs amies & bien mélangées ; on promene avec plaiſir ſes regards dans la grandeur de l'eſpace qui y eſt repréſenté. Il y régne par tout beaucoup d'harmonie dans la couleur.

Quelle légereté & quel éclat dans les draperies ! Quelle variété & quel eſprit dans les attitudes de toutes ces figures, ſoit des Néréïdes qui paroiſſent occupées à contempler la majeſté du Soleil, ſoit dans les Amours qui ſe jouent avec des Dauphins ! Par tout, en un mot, quelle galanterie & quelle volupté ! Les proportions de la figure d'Apollon ſont élégantes, les contours en ſont purs.

Les

Les Reflets, l'une des parties de la Peinture qui demande le plus de jugement, sont extrêmement bien entendus dans les différents groupes de ces Tableaux, qui, pour parler le langage des Peintres, sont tous d'une même palette. Les objets qui y sont voisins les uns des autres, reçoivent la couleur qui leur est opposée, & se réfléchissent mutuellement sur celle qui leur est propre. Il y a dans ces belles & riches compositions tout le feu d'un beau génie & toute la magie de la Peinture.

Les quatre Tableaux destinés pour le Plafond de la Salle du Conseil de Fontainebleau qui représentent les quatre Saisons figurées par des Enfans, sont traités avec autant de goût que d'intelligence.

Les deux Pastorales faites pour le Château de Belle-Vûe, ont toute la noblesse & tout l'agrément d'un genre, dont M. Boucher est le créateur. La maniere & le genre en Peinture sont des choses bien différentes. Chaque Peintre a sa maniere; il n'y a que ceux qui ont le génie inventeur, c'est-à dire, ceux du premier ordre, qui ayent des genres qui leur ſoient propres. Les Eglogues de M. de Fontenelle ont enrichi nos Paſtorales d'une nouvelle eſpèce de Bergers, remarquable par la galanterie & la délicateſſe de leurs ſentimens. Ceux que M. Boucher a introduit dans la Peinture, joignent à tout le mérite des premiers cette ſimplicité & cette naïveté ſi précieuſe que n'ont pas toujours ceux de M. de Fontenelle.

Le Tableau de M. Collin de Vermont Profeſſeur de l'Académie, repréſente les Nôces de Thétis & Pelée. Ce Sujet y eſt traité d'une maniere convenable, & avec un talent qui eſt propre à cet Artiſte. Il a cherché à donner à chaque Divinité, le caractere qui lui convient. La compoſition du Tableau eſt ſage & raiſonnée, & c'eſt un de ceux de l'Auteur qui lui fait le plus d'honneur.

M. Jeaurat s'eſt exercé avec ſuccès en différens genres : il y a de l'imagination dans la Nôce de Village qui doit être exécutée en tapiſſerie à la Manufacture des Gobelins.

Les deux eſquiſſes du N°. 20. & les deux autres Bambochades qui ſont placées tout auprès, ont la ſorte de mérite que l'on cherche en de pareils Tableaux où la nature, quelle qu'elle soit, plaît toujours quand elle est rendue avec esprit.

Satius est unum aliquid insigniter facere quam plurima mediocriter. C'est ce que l'on peut dire de M. Oudry qui s'est particulierement adonné à peindre les animaux. La fécondité de ses productions n'étonne pas moins que le degré de perfection où il est arrivé dans son talent. On voit de lui au Sallon dix-huit Tableaux de différentes grandeurs, & dont celui qui représente les dogues qui combattent contre trois loups, a vingt-deux pieds de largeur sur dix de hauteur. Tous ces Tableaux sont également estimables chacun dans leur genre, tous représentent la nature telle qu'elle est. M. Oudry s'est trouvé cette année dans le cas de M. Vanloo, il a comme lui surpassé l'attente du Public, prévenu pourtant depuis si long tems en faveur de ses Ouvrages. Quelle admiration n'a pas en effet excitée ce Tableau oval représentant une chienne allaitant ses petits! C'est là que la nature est rendue à un degré de perfection dont l'art n'approche que rarement. François Flamand n'a pas mieux fait sentir la molesse des chairs, ni exprimé avec plus d'esprit les graces de l'enfance que M. Oudry ne rend dans son tableau tout ce qui caractérise des petits chiens qui ne sont que de naître, à qui la foiblesse de leurs yeux ne permet pas de supporter la lumiere, & qui ne peuvent se soutenir eux-mêmes à cause de celle de leurs pattes. Ce qui rend ce groupe encore plus piquant, c'est le rayon de lumiere dont il est éclairé. C'est du clair-obscur sans dureté. Ce qui est dans l'ombre n'est point noir. Les Reflets y sont si bien entendus, tout y est si bien rendu dans les tons de la nature, que l'on peut regarder ce Tableau comme un chef-d'œuvre de clair-obscur. Il n'est pas d'un effet moins vigoureux que celui de ce genre que posséde M. Gaignat. Ce n'est pas une petite gloire à M. Oudry que d'avoir sçu égaler Rembrant dans une partie si difficile & qui demande autant d'intelligence.

Dans le Tableau marqué du N°. 23. & qui représente sur un fonds blanc, tous objets blancs, comme canard blanc, serviette damassée, porcelaine, crême, chandelier d'argent, bougie & papier, M. Oudry a prouvé ce qu'a dit le Tintoret, c'eſt que le noir & le blanc, pour qui ſçait les employer, ſont les couleurs les plus précieuſes, parce qu'elles ſeules donnent les ombres & les reliefs qui ſont les grands effets de la Peinture. En ne ſe propoſant que de vaincre une difficulté, il a donné un autre exemple de la perfection où cet Art peut atteindre.

M. Dandré Bardon dans ſa grande eſquiſſe qui repréſente Socrate condamné par les Athéniens à boire du jus de cigue, & employant les derniers momens de ſa vie à entretenir ſes amis de l'immortalité de l'ame, fait voir qu'il a du talent pour traiter les grands ſujets avec nobleſſe. Ce Tableau eſt d'une grande compoſition, les attitudes & les expreſſions des figures y ſont variées. Tout y eſt traité avec ſageſſe.

Il y a pluſieurs Tableaux de M. Hallé qui ne peuvent qu'ajouter à la réputation qu'il s'eſt faite parmi les Peintres d'Hiſtoire; le plus piquant de tous eſt celui indiqué au N°. 54. Il repréſente une jeune femme d'une figure très-agréable qui donne de la bouillie à son enfant. Cette petite figure est la nature même, l'ardeur avec laquelle l'enfant se présente pour recevoir sa bouillie est exprimée avec une vérité qui frappe. Un vieillard à large barbe, le regarde avec toute la complaisance d'un bon homme : je ne sçais pourquoi on a appellé ce Tableau une Sainte Famille, la maniere dont il est traité, & l'action qui y est représentée, n'ont pas assez de noblesse pour répondre à cette idée ; la gourmandise de cet enfant dégraderoit l'Enfant Jesus, que l'on ne doit jamais représenter dans rien de ce qui tient à la bassesse de l'humanité.

Ce n'est point une *Sainte Famille*, mais c'est une Bambochade des plus agréables. Je ne pense pas que l'habile Artiste, au talent duquel on doit un Tableau si précieux, puisse s'offenser de cette remarque. Un Auteur doit être content de son Ouvrage, quand on n'y trouve à reprendre que le titre. M. Hallé ne paroît pas moins habile homme dans les trois dessus de Porte qu'il a faits pour M. de la Boüexiere. Le premier représente le Midi, sous l'emblême de

Venus & de l'Amour : il a donné à ces figures le ton de noblesse & de graces qui les caractérise. La Diane qui dans le second représente le Soir, est encore une très-belle figure. Ces Tableaux sont d'une couleur qui plaît.

L'allégorie du troisiéme qui représente la Nuit, toute ingénieuse qu'elle est, ne peut produire un heureux effet; il est à craindre que le brillant des deux autres Tableaux ne fasse paroître dans le même lieu celui-ci comme une tache. C'est le sujet qui est ingrat, c'est parce que la Nuit est noire, qu'il ne faut se déterminer à la peindre, que lorsqu'on y est absolument nécessité.

Il est des Ouvrages qui n'ont pas besoin de Numéro, pour en indiquer le Maître; tels sont ceux de M. Chardin, c'est à-dire du Peintre qui rend la nature avec le plus d'exactitude & de vérité. Le plan que je me suis fait, ne me permettant pas de parler de tous les Tableaux qui ont du mérite, je choisirai de préférence parmi les siens celui qui représente une jeune fille qui récite son Evangile : ce que M. de Fontenelle a dit d'un Philosophe est vrai à la lettre de

M. Chardin. *Il prend la nature ſur le fait.* Il a l'art de ſaiſir ce qui échapperoit à tout autre : il y a dans ce Tableau, qui n'eſt que de deux figures, un feu & une action qui étonnent ; il y a tant d'expreſſion dans la tête de la jeune fille, qu'on croit preſque l'entendre parler : on lit ſur ſon viſage le chagrin intérieur qu'elle éprouve de ce qu'elle ne ſçait pas bien ſa leçon. Les figures ſont deſſinées, éclairées & touchées de cette maniere auſſi ſçavante que ſpirituelle qui lui eſt propre. M. Chardin n'a pris celle d'aucun autre maître, il s'en eſt fait une particuliere, & qu'il ſeroit dangereux de vouloir imiter. On trouve dans ſes Tableaux une couleur vraie, un deſſein exact & l'imitation de la nature la plus ſpirituelle ; il en rend les plus petits détails avec toute la patience des Peintres Flamands, mais ſon pinceau a la force de celui des bons Maîtres de l'Italie. Il n'y laiſſe pas appercevoir toute la peine que ſe donne M. Chardin pour finir ſes Ouvrages ; & c'eſt ce qui y ajoute un nouveau mérite. C'eſt au jugement d'un des Maîtres de l'Art, ce qui en ſuppoſe le plus.

Maxima deinde erit ars, nihil artis inesse videri. *

C'est aussi une des parties qui distinguent le plus ce Tableau qui représente un Philosophe lisant dans son cabinet, que, contre son ordinaire, M. Chardin a peint de grandeur naturelle, & où les connoisseurs trouvent la vérité de la couleur & de l'expression jointe à l'exactitude & à la finesse du dessein.

Le Plafonds de forme ronde (N°. 117.) de M. Challe, qui a servi pour sa réception à l'Académie, prouve combien il en est digne, il représente l'union des Arts de Peinture & de Sculpture par le Génie du Dessin; ces trois figures sont caractérisées de la main d'un Maître qui les possede : le Tableau est d'une bonne couleur & peint avec force, les Régles de la Perspective y sont observées, & les Figures y sont bien de Plafonds. Ce Peintre en d'autres Tableaux d'un genre tout différent, annonce la fécondité de son génie, & sur-tout dans diverses idées d'Architecture, d'après

---

* Du Fresnoy, *de Arte Graphicâ.*

les descriptions & les anciens vestiges des Monumens publics de la Grece & de Rome. On trouve dans ces dessins une grande connoissance de l'Antiquité, & sur-tout beaucoup de feu & d'imagination : ils sont touchés par une main qui vise aux grands effets & qui sçait les produire. M. Challe a un Frere, Eleve de M. Bouchardon & nouvellement revenu de Rome, qui ne tardera pas à obtenir parmi les Sculpteurs, le même rang que son Frere aîné a mérité parmi les Peintres. Ce jeune homme a fait pour le Roi la copie d'un Médaillon d'Antinoüs, nouvellement découvert à Rome, qui est de la plus grande beauté, & où l'habileté de son ciseau a rendu toute celle de l'Original.

Les premiers essais de M. Vien à son retour de Rome, annoncerent un Peintre d'Histoire, né pour aller au grand, & pour être un jour un de ceux qui devoient faire le plus d'honneur à l'Académie. Le Public a vû avec plaisir que cet habile Artiste a de si bonne heure rempli ses espérances. Il attendoit tout de son talent, mais il ne croyoit pas que dans son Art, on put en si peu de tems faire des progrès aussi considérables. Il s'y montre un Maître dans toutes les parties qui composent le grand Tableau (N°. 161.) où l'on voit Sainte Marthe & Sainte Marie-Magdeleine, Saint Lazare & Saint Maximin qui venoient d'être sacrés Evêques par Saint Pierre, contraints par les Romains de sortir de Jérusalem, & embarqués malgré eux sur un Bâtiment sans voiles ni rames. Ce Tableau ne plaît pas moins par la beauté de la composition que par celle du dessin & de l'expression. Les attitudes y sont contrastées heureusement, les airs de tête très-variés : autant on trouve de graces & de douceur dans celles des Femmes, autant on remarque de force & de grandeur dans celles des Evêques, qui pour la beauté du caractere, tiennent beaucoup du Carache. Les draperies sont assorties à la dignité de ces figures, les plis en sont amples & font sentir toutes les parties par une juste distribution des ombres & des clairs.

Le grand Tableau qui représente un Hermite qui dort, est un de ceux qui a fixé le plus l'attention du Public. Cette action si indifférente par elle-même dans la nature, devient intéressante par l'art avec lequel le Peintre en a sçu rendre la vérité. Ce Tableau d'ailleurs est enrichi de Paysage qui en augmente le prix, il est peint avec soin & avec force, & de même que le précédent il est d'un coloris très-agréable.

M. Vien s'est plu à changer sa maniere dans un petit Tableau de Chevalet, représentant la Sainte Vierge servie par les Anges : celui-ci n'est pas moins précieux en son genre ; on y trouve la modestie & les graces qui doivent caractériser de semblables sujets.

M. Le Lorrain est aussi l'un des jeunes Peintres de l'Académie, dont le Public espere le plus, il confirme avantageusement son attente par les deux Tableaux esquissés qu'on voit de lui au Sallon, & qui sont marqués du N°. 167. Le premier représente le Roi, sous la figure d'Apollon, qui accorde sa protection à la Peinture & à la Sculpture. Le second doit être exécuté en Plafonds & représente les Graces qui enchaînent l'Amour. On voit dans l'un & dans l'autre des essais d'un génie heureux &

facile. Il vient de peindre dans la Maison de M. de la Boüexiere deux Plafonds où il a joint à toute l'habileté de son Art, un goût qui ne s'acquiert pas par le travail, & que la Nature ne donne qu'à ceux qu'elle favorise. Il est heureux d'avoir trouvé une pareille occasion de faire connoître son talent. *Neque enim tam clarum statim ingenium est ut possit emergere, nisi illi materia, occasio fautor etiam commendatorque contingat.* *

M. Servandoni n'a pas peu contribué à l'ornement du Sallon par ses dix Tableaux d'Architecture & de Paysages. On reconnoît dans tous ses Ouvrages une imagination enrichie de ces restes précieux des Monumens de la grandeur Romaine. On trouve dans ses ruines ce beau ton de couleur de Panini son Maître : lorsqu'il travaille de génie, il fait voir qu'il est également Peintre & Architecte.

On a si souvent entretenu le Public des Ouvrages de M. Vernet & des éloges qu'ils méritent, que ce seroit courir

* *Plin. Jun. VI.* 23.

le risque de tomber dans des répétitions ennuieuses, que de s'étendre sur la quantité de beaux Tableaux qui sont dignes d'être ici détaillés. Il est en possession depuis quelques années d'être un des Peintres qui se distinguent le plus par leurs talents. Ainsi je me contenterai de dire, que le grand Tableau qu'il a fait pour sa réception à l'Académie, ne peut qu'ajouter à sa réputation : on ne peut trop le louer de l'art avec lequel il y a réuni les deux parties où il excelle, la Marine & le Paysage. Les Figures y sont plus grandes qu'il n'a coutume de les faire, & n'en sont pas dessinées avec moins de finesse & de correction. La lumiere du Soleil couchant y est distribuée avec cette intelligence qui regne dans tous ses Ouvrages. C'est un des Tableaux de ce genre, des plus chauds, des plus vrais & qui sente plus le grand Maître. M. Vernet égale le Claude Lorrain en plusieurs parties, & certainement le surpasse en celle du dessin. On trouve dans ses Paysages, tout ce qui, au rapport de Pline, rendoit recommandables ceux d'un Peintre du Siécle d'Auguste. *Amœnissimam parie-*

ium picturam, villas & porticus; ac topiaria opera, lucos, nemora, colles, piscinas euripos, amnes, littora qualia quis optaret, varias ibi ambulantium species, aut navigantium, terrâque villas adeuntium, aut etiam vindemiantes sunt in ejus exemplaribus nobiles palestri accessû villæ; & qui succollantium specie labantes mulieres trepidas ferunt: plurimæ præterea tales argutiæ & facetissimi sales. Idemque subdialibus maritimas urbes pingere instituit blandissimo aspectu, minimoque impendio. * En enlevant cet illustre Artiste à l'Académie de Rome, M. de Vandieres a travaillé pour la gloire de celle de Paris; il s'étoit rendu, par la haute célébrité qu'il a par toute l'Europe, digne des bienfaits du Roi qui l'attachent désormais à la France. Elle étoit même en droit de le revendiquer, parce qu'il étoit en quelque sorte dans son sein.

Je reprens l'ordre du Portrait pour venir à la classe des Peintres de Portraits, qui est une des plus considérables.

M. Louis Michel Vanloo se montre

---

* *Plin. XXXV.* 10.

digne de l'honneur qu'il a d'être premier Peintre du Roi d'Espagne, dans le grand Portrait en pied de M. Woual, Ambassadeur de Sa Majesté Catholique à la Cour d'Angleterre. Ce Tableau est enrichi de tout ce qui a rapport au sujet. Le fonds d'Architecture, le grand rideau, les draperies, tout est traité d'une maniere aussi sçavante que judicieuse. La Figure est posée noblement, quoique peut-être un peu roide. On ne peut douter que ce Portrait ne ressemble, si l'on en juge par celui de M. de Marivaux qui est du même Peintre, qui y a sçu exprimer tout l'esprit & toute la finesse de la phisionomie de cet illustre Académicien.

Les Ouvrages de M. Nattier sont en possession de plaire au Public. La vérité, la finesse, un pinceau gracieux, un grand art dans la maniere de draper ses figures, une attention continuelle à faire que ses Portraits soient des Tableaux. Voilà ce qui le caractérise, & ce que l'on trouve dans les cinq qu'il a exposés cette année au Sallon, qui méritent tous les plus grands éloges. Il y a un art & une vérité surprenante dans le Portrait en buste de Madame du Four, Nourrice de Monſieur le Dauphin. Dans celui de Madame Boudrey il a rendu tout l'eſprit & toutes les graces de l'Original. Rien ne fait plus d'honneur à ſa façon de penſer que de s'être mis au-deſſus de cette baſſe jalouſie ſi commune parmi les Artiſtes, & de s'être fait un plaiſir de ſe donner pour gendre celui qu'un autre auroit craint d'avoir pour rival; par-là il s'eſt aſſocié, pour ainſi dire, à la gloire que M. Tocqué acquiert tous les jours dans la même carriere. Celui-ci, par un art qui n'a rien de commun avec celui de ſon beau-pere, trouve le ſecret d'arriver auſſi heureuſement au but que l'un & l'autre ſe propoſent, qui eſt la nature. Quoiqu'elle ſoit toujours la même, il y a autant de manieres de la rendre qu'il y a de génies différents. Le Portrait de Madame Danger en eſt une preuve; il a comme ceux de M. Nattier tout le mérite d'un beau Tableau. Il n'eſt pas ſeulement remarquable par la richeſſe de la compoſition, il a de plus tout le gracieux que comportent les Portraits de Femme. Celui de M. le Comte d'Albemarle, repréſenté en habit uniforme, eſt au contraire peint avec toute la force qui convient au caractere guerrier. Les attributs de la guerre contribuent beaucoup par leur noblesse à l'ornement de cette Figure. Le soin que le Peintre a mis à rendre toutes les broderies de cet habit n'a rien de froid. Tout y paroît fini sans que rien y soit peiné.

Quelque ressemblance qu'il y ait dans les Portraits de M. le Comte du Luc & de M. Morand, elle n'en fait pas le seul mérite, le Peintre les a étudiés & exécutés avec toute l'intelligence qu'il a dans son Art, on ne peut trop louer M. Aved du soin qu'il prend de peindre tout d'après nature : ce n'est que par cette attention que l'on peut arriver aux grands effets que produisent des Portraits tels que ceux-ci, qu'il a sçu orner de toutes les richesses dont ils étoient susceptibles. Celui du Pere Maubert Théatin, quoique plus simple, est un des plus vigoureux qu'il ait peints. Il n'est gueres possible à l'Art d'approcher plus près de la Nature.

Le Public est tellement accoutumé à ne voir au Sallon que des chefs-d'œuvres de M. de la Tour, qu'il ne peut plus l'étonner que par la multiplicité, & c'est l'effet qu'ont produit les dix-huit Tableaux qu'il y a mis cette année, qui tous semblent se disputer, & pour le degré de ressemblance, & pour la perfection de l'Art. Si les connoisseurs ont paru donner la préférence à celui qui représente Madame le Comte tenant un papier de Musique, c'est qu'en effet il y a dans ce Portrait une science de Peinture & une intelligence de lumiere qui surprend les Maîtres de l'Art. Jamais on a traité les ombres & les reflets avec plus de force & de vérité : la main qui tient le papier de Musique sort entierement du Tableau. Il y a dans ce bras une harmonie de clair-obscur & de couleurs dont on ne voit que peu d'exemples dans les Ouvrages des meilleurs Maîtres.

Indépendamment de la ressemblance, il y a dans le Portrait de Madame Geli une vigueur & une beauté de coloris qui le rendent très-piquant. Ceux de M. le Marquis de Voyer & de M. Silvestre ne sont pas moins parfaits chacun dans leur genre. Comme ce dernier est un Portrait de Peintre, on pourroit dire que M. de la Tour l'a fait pour les Peintres, & qu'en effet ce sont ceux qui connoissent le mieux les difficultés de l'Art qui l'admireront le plus. Il y a dans cette tête des passages imperceptibles, des clairs dans les ombres, & des ombres dans les clairs qui lui donnent tout le relief & toute la rondeur de la nature.

Je n'entreprendrai pas de détailler les autres Portraits, il me suffira de remarquer un talent qui est propre à cet illustre Artiste, c'est de rendre non seulement la ressemblance des traits, mais jusqu'au caractere d'esprit de ceux qu'il peint. Cette partie où le Titien & Vandeck sont peut-être les seuls qui ayent excellé avant lui, est remarquable dans les Portraits de M. Duclos & de M. de la Chaussée, de M. de la Condamine & de M. d'Alembert. C'est-là ce qui y donne cette vie qui étonne toujours, beaucoup de Peintres ont l'art de faire ressembler un Portrait, bien peu ont le talent de l'animer, & quel prodige n'est-ce pas en effet, que de faire avec un peu de couleurs que l'ame soit en quelque sorte visible ! Ici la ſcience de l'Art ne ſuffit pas, il n'appartient qu'au génie d'opérer de ſi grandes merveilles.

Il me reſte encore une remarque à faire à la louange de M. de la Tour, c'eſt qu'il ne ſe diſtingue pas moins par le but, que par l'excellence de ſon travail. Dans cette ſuite nombreuſe de Portraits qu'on voit de lui, il eſt aiſé de s'appercevoir que la gloire a été ſon principal objet : la plûpart ſont une preuve qu'il ſe fait un plaiſir de peindre ceux qui comme lui ont ſçu ſe rendre célébres dans les Arts ou dans les Sciences. La Poſtérité qui ſe plaît à rechercher la vie & à connoître les traits des hommes, qui de quelque maniere que ce ſoit, ſe ſont rendus recommandables dans le tems où ils ont vécu, trouvera dans les Ouvrages de M. de la Tour des Portraits fideles de la plûpart de ceux qui ſont honneur au Siécle où nous vivons.

Les différens Portraits de M. Perroneau ſont autant de preuves des progrès qu'il fait journellement dans ſon Art. On voit qu'il cherche la nature en homme qui en connoît tout le prix. L'exemple de plusieurs Peintres prouve que les yeux du corps ne suffisent pas pour l'appercevoir, on ne la saisit bien que des yeux de l'esprit. Elle ne peut échapper à quelqu'un qui a tout celui qui fait le mérite de la touche de cet Artiste.

Le Portrait de Madame Boucher en habit de bal par M. Roslin, Suédois, est du genre le plus agréable : il est peint avec un soin infini, & d'une touche tout-à-fait spirituelle. Il a de loin un grand effet & ne plaît pas moins à mesure qu'on le considere de plus près. On ne peut trop louer l'art avec lequel le Peintre a rendu le pétillant de la gaze d'argent dont le Domino est garni. Il paroît par ses autres Portraits qu'il a plus d'une maniere, & qu'il cherche à se modéler sur celles des bons Maîtres.

Parmi le grand nombre de ceux qui se sont adonnés à la Miniature, rien n'est si rare que de trouver des *Peintres*. Les Portraits de ce genre que l'on voit de M. Venevant au Sallon prouvent qu'il l'est en effet, & qu'à ce titre il mérite l'honneur qu'il a d'être de l'Academie. Il fait disparoître par la force de sa touche tout ce que communément cette maniere de peindre a de froid. *Magnæ rei quantulum cumque poſſederis, fuiſſe participem, non minima eſt gloria.* *

M. Rouquet a un autre avantage; le Public a vu avec plaiſir par ſes Portraits en émail qu'il a reſſuſcité avec honneur un Art entierement perdu parmi nous. On doit à l'attention que M. de Vandieres donne aux Arts cet habile Artiſte qu'il a ſçu attacher à la France. Ils ſont tous eſtimables quand ils ſont portés à leur point de perfection. Ceux qui les laiſſent languir faute de protection, ne ſongent pas que s'ils viennent à périr, des ſiécles ne ſuffiſent pas pour les faire renaître. La Gravûre en pierre eſt un de ceux où les Anciens ont le plus excellé, elle a depuis reparu avec honneur à Rome & à Florence, elle eſt à préſent négligée preſque par toute l'Europe. Si l'Académie de Peinture de Paris peut ſe vanter d'avoir parmi ſes membres l'Artiſte ** qui a le plus approché de ceux de la Grece & de Rome,

---

* *Columella Lib. XI. de RR. cap.* 1.

** M. le Gai.

c'eſt encore au zèle qu'a M. le Directeur des Bâtimens pour la gloire des Arts dont le ſoin lui eſt confié, qu'elle en a l'obligation. Le vœu de la France & l'action de graces pour la convaleſcence de Monſieur le Dauphin, n'auront pas beſoin du tems pour que les connoiſſeurs mettent ces pierres au rang des Antiques.

Comme les Ouvrages des Sculpteurs demandent beaucoup plus de tems que ceux des Peintres, & ſont ſouvent de nature à ne pouvoir être tranſportés, il n'eſt pas étonnant qu'on en voye ſi peu au Sallon : ces Artiſtes ne peuvent gueres y mettre que les modeles des Figures qu'ils exécutent dans leurs Atteliers. Le N°. 38. en indique un en plâtre de M. Adam l'aîné qui repréſente l'Abondance verſant ſes dons ſur la terre. Cette Figure a beaucoup de graces, elle eſt totalement en l'air, le riant de ſon viſage caractériſe ce dont elle eſt le ſymbole. Elle eſt belle, bien deſſinée & digne à tous égards d'être exécutée en marbre pour embellir les Jardins de la Maiſon Royale où elle doit être placée.

M. le Moine le Fils a rendu le buſte

de

de M. de Valiere le Pere digne du grand homme qu'il représente. S'il n'est pas dans nos mœurs d'ériger des statues publiques à ceux qui ont rendu des services aussi signalés à leur Patrie, nous en voyons du moins les images avec plaisir, & nous ne pouvons trop estimer les Artistes qui s'appliquent à les transmettre à la Postérité. *Etenim si defunctorum imagines domi positæ dolorem nostrum levant, quantò magis eæ quibus in celeberrimo loco non modo species & vultus illorum, sed honor etiam & gloria refertur.*

Au N°. 43. on voit de M. Pigalle un Christ en croix de vingt-deux pouces de proportion qui est au rang des plus belles choses que l'on ait jamais exécutées en marbre en aussi petit volume. Le travail en est d'un précieux & d'un fini que l'on n'auroit pas cru qu'une matiere aussi dure put comporter. Combien est-il plus étonnant encore qu'on ait pu lui donner toute l'expression qui se trouve dans la tête du Christ, elle est en même tems du caractere le plus noble, il y a dans tout ce morceau & spécialement dans les mains & les pieds un travail qu'on ne se lasse pas d'admirer.

L'Amour de M. Saly, soutient la réputation qu'il s'est faite par son Faune. Il est tel qu'un de ceux de l'Albane; il vient d'aiguiser une fléche, & essaye avec son doigt si la pointe est assez aigue. M. Saly a rendu dans cette figure avec les graces de l'Enfance, l'esprit & la petite malice que supposent cette action. Tout y est travaillé & recherché avec un art infini : l'habile Artiste a sçu communiquer au marbre même la légéreté des feuilles de rose. Le petit modéle en plâtre qui représente la Jeunesse a cette noblesse & cette belle simplicité de l'antique. On en retrouve encore le caractere dans la maniere heureuse dont les draperies dessinent le nu, & dans la forme élégante du vase que tient cette figure. De pareils Ouvrages nous feroient regretter le départ de M. Saly pour le Dannemarck, si nous n'avions l'espérance de son retour, & s'il n'étoit glorieux pour la France de voir que les Souverains des Pays Etrangers, pour laisser à la Postérité des monumens dignes d'eux, sont obligés de recourir à nos Artistes.

M. Adam le cadet a fait pour la maison de M. de la Bouëxiere quatre Bas-reliefs dont les sujets tirés de la Fable ont rapport à Apollon. Il n'a exposé au Sallon que le modele de celui qui représente la mort de Coronis. Les figures y sont parfaitement bien dessinées, de bon goût, & groupées avec intelligence, [illegible] ont du caractere & de l'expression. Dans cet Ouvrage ainsi que dans les deux Sphinx destinés pour le même Pavillon, cet Artiste s'est fait beaucoup d'honneur.

Je ne parlerai pas du grand nombre de belles Gravûres que l'on voit au Sallon, parce qu'elles sont toutes d'Artistes dont la réputation est faite depuis long tems ; le Graveur a l'avantage de pouvoir par lui-même s'en faire une prompte : cinq cens épreuves que l'on tire d'une estampe font connoître en peu de tems son talent à toute l'Europe. On ne fait que peu de copies des meilleurs Tableaux, & dans celles qui ont le plus de mérite, il est rare que l'on trouve toute la beauté de l'Original. Tout ce que l'on admire ici de M. Cars fera dans un mois le même effet à Rome ou à Londres, à Dresde ou à Berlin. On y rendra la même juſtice aux autres Ouvrages de ceux de nos Artiſtes qui excellent dans cet Art, où les François tiennent aujourd'hui le premier rang. D'ailleurs on commence déja à débiter une lettre ſur les Tableaux, dont l'Auteur a pris plaiſir à faire connoître les différentes manieres des Graveurs de l'Académie. La deſcription qu'il a faite de leurs Ouvrages, & le petit livre qui en contient l'explication ſuffiſent pour les annoncer, & le Public par lui-même eſt à chaque inſtant à portée de les apprécier. Je ſuis ſurpris, je l'avoue, que cet Auteur qui paroît aimer la Gravûre & s'y connoître, n'ait rien dit des Eſtampes deſtinées pour la nouvelle Edition in 4°. des Fables de la Fontaine, que l'on expoſe ſucceſſivement ſix à ſix au Sallon, & qui ſont d'après les deſſeins de M. Oudry. Elles méritoient bien qu'il en fit du moins mention. Les différentes mains qui y ont été employées paroiſſent avoir été toutes conduites par la même intelligence : malgré la variété du burin, on retrouve dans chacune l'eſprit de l'Original, c'eſt en faire aſſez l'éloge, & ce n'eſt pourtant que rendre justice aux soins que prennent ceux à qui cette suite de Gravûres est confiée ; elle sera vraiment digne des Ouvrages d'un Auteur, que nous devons regarder comme un des plus grands Peintres que nous ayons eu parmi nos Poëtes. C'est le génie de la Fontaine qui a échauffé l'imagination de M. Oudry, comme celui d'Homere enflamma celle de Phidias, lorsque dans trois vers de l'Illiade * ce Statuaire conçut l'idée de son Jupiter Olympien qui imprimoit la crainte & le respect, & qui avoit toute la majesté du Souverain des Dieux.

Le grand Ouvrage dont M. Cochin est chargé ne lui a pas permis cette année d'exposer rien de nouveau de son burin. Cela n'a pas empêché qu'il ne se soit acquis une nouvelle gloire au Sallon. On y voit de lui vingt-cinq petits Portraits dessinés en Médaillons : ce sont autant de têtes dignes en effet d'être frappées en Médailles, soit à cause de la célébrité des personnes qu'elles représen-

---

* *Macrob. Saturnal. L. 5. c. 14.*

tent, ſoir à cauſe de l'art avec lequel leur reſſemblance y eſt rendue. A Florence, où l'on retient encore quelque choſe de l'ancienne Italie, on a frappé dans ces derniers tems en Médailles les Portraits du Docteur Lami & du Docteur Cocchi, de M. le Baron Stoch & de M. Bouchardon : les Gens de Lettres, les Peintres, les Sculpteurs & les Amateurs des Arts que M. Cochin a deſſinés, & lui-même en ſon particulier, n'auroient pas moins de droit à cet honneur. On ſçavoit bien que c'étoit un Deſſinateur habile, mais devoit-on s'attendre à trouver en lui un Peintre de Portraits auſſi facile & auſſi ingénieux ?

[illegible] veros ad vivum effingere vultus,
Arte Prometheâ novit.

Les ſiens ſont de la reſſemblance la plus frappante. Des gens qui n'ont pas vû M. de Troy & le Pere Jacquier * depuis quinze ans, ont été ſurpris de

* Mathématicien François de l'Ordre des Minimes, Profeſſeur au Collége de la Sapience à Rome.

celle de leurs Médaillons. Il n'en est aucun où l'on ne trouve le caractere particulier à celui qui y est représenté : d'où il résulte que les couleurs ne sont pas nécessaires pour exprimer ce qui est d'essentiel à la nature, l'ame & la vie. Le pinceau de beaucoup de Peintres n'a pas autant d'effet que le crayon de M. Cochin ; ce n'est point la main, c'est l'intelligence qui peint. On ne trouvera jamais d'esprit à des Portraits, que quand ils seront faits par des Peintres qui en auront. Par leur maniere de rendre la nature, ils se peignent dans leurs Ouvrages. Dans le Portrait que M. Cochin a fait de lui-même, il a rendu avec fidélité tous les traits de son visage ; il a dans les vingt-quatre autres fait paroître tout son esprit en exprimant aussi heureusement celui de chacun de ceux qui y sont représentés. *Mens enim describit & format aliquid omni sculpturâ picturâve praeclarius.* *

L'Académie auroit à se plaindre de moi, si je ne disois rien d'un Artiste qui

* Apollonius apud Philostr. Lib. VI. cap. 9.

lui fait honneur dans son genre : M. Bachelier doit être en effet regardé comme un des Peintres de Fleurs, les plus agréables, il charme les yeux par la fraîcheur & l'éclat de sa couleur, & contente l'esprit par la touche de son pinceau qui n'a rien de froid : le Médaillon du Roi entouré de fleurs, qu'il a présenté pour sa réception à l'Académie, lui donne de nouveaux droits à l'estime du Public. Le Portrait est ressemblant & les fleurs sont d'un grand fini, & cependant touchées avec esprit.

Au N°. 112. on voit de lui un petit Tableau émaillé sur de la Porcelaine de la Manufacture Royale de Vincennes, qui est un morceau précieux & qui prouve que ceux qui en sont les Entrepreneurs ont la sagesse d'y employer les Artistes les plus habiles. Peut-être ne sera-t-on pas fâché qu'à cette occasion je dise ici quelque chose d'un Art que l'on a porté depuis peu en France à un si haut degré de perfection. La Porcelaine, cette matiere si brillante & si fragile reçoit son plus grand prix de l'agrément de la Peinture & de la vivacité des couleurs. Un Peuple, qui loin de de rien devoir aux découvertes de l'Europe, dès ces tems reculés où elle étoit encore plongée dans la barbarie, possédoit déja tous les Arts, avoit seul le secret de celui-ci. En Allemagne, en France, en Italie, en Angleterre on a tout fait pour le découvrir. On avoit imité assez heureusement en Saxe & la blancheur & l'éclat des couleurs de l'ancienne Porcelaine, en exceptant pourtant le bleu que l'on y a cherché inutilement. Pour ce qui regarde le dessin, celle de Saxe avoit tout l'avantage, sur-tout du vivant de cet Artiste habile, qui mettoit tant d'esprit dans ses Marines & dans ses Figures, que l'on doit regarder ses Ouvrages comme autant de petits Tableaux, mais pour la finesse de la pâte & la beauté de la couverte, tout ce que l'on y a fait est infiniment au-dessous de la Chine & du Japon. Un simple Ouvrier en France avoit approché davantage de l'excellence de la pâte ancienne, sans avoir pu cependant parvenir à cette blancheur & à cet éclat qui en font le mérite. Quoique la Porcelaine de

Saxe plaiſe plus aux yeux que celle de Chantilly, la matiere n'en eſt ni auſſi égale, ni auſſi bonne; elle tient trop de la nature du verre. La Manufacture de Vincennes a depuis trouvé ce qui manquoit à l'une & à l'autre. La beauté de ſa couverte y répond à la bonté de la pâte. Je ne parlerai point ici des Porcelaines qui ſe font à Londres, à Naples & en quelques autres lieux: elles ne ſont encore que des eſſais d'un Art qui cherche à ſe perfectionner. Une des principales découvertes de la Manufacture de Vincennes, eſt celle de pluſieurs couleurs que l'on n'a point eûes en Saxe où l'on commence déja à décheoir en cette partie. La Manufacture de Vincennes doit aux recherches d'un des plus grands Chimiſtes de l'Europe * un bleu dont la beauté ne le céde pas à celle de l'ancien. L'or que l'on ſçait y appliquer ſi habilement & ſi ſolidement, ajoute beau-

* M. Hellot de l'Académie Royale des Sciences.

coup au mérite de tout ce qu'on y fait de précieux. D'un autre côté un Amateur des Arts, dont le goût est connu, ne veille pas avec moins d'attention à tout ce qui regarde la beauté & l'élégance des Formes. C'est par des progrès si rapides qu'elle s'est rendue digne du titre de Manufacture Royale qu'elle vient d'obtenir, & de l'établissement glorieux qu'on lui destine à Seves. * Quels avantages n'a-t-elle pas en effet par rapport au dessin, dont l'Académie de Peinture tient une Ecole si utile & à laquelle nous devons la supériorité qu'ont nos Ouvriers sur tous les autres de l'Europe, en tout ce qui est du ressort du goût! je ne parlerai point de ces

---

* Ce qui est dit ici vient d'être justifié par un Arrêt du Conseil du 19 Août 1753, dont voici le préambule.

Sa Majesté ayant reconnu par les différentes expériences qu'elle a ordonnées & les succès qui en ont résulté, que cet établissement étoit à présent porté à un dégré de perfection qui méritoit toute sa protection, elle a cru devoir lui donner une nouvelle forme ; à quoi voulant pourvoir, &c.

fleurs dont l'imitation est si parfaite, qu'on les confond avec la nature. On copie à Vincennes, avec autant d'art que de fidélité, des animaux peints par Desportes ou par Oudry, des fleurs de van-Huysum ou de M. Bachelier, & tout ce qu'il y a de plus agréable dans la nature. Quelle grace ne trouve-t-on pas dans tous ces jeux d'Enfans qu'on y a exécutés d'après des modéles de M. Boucher, dont le génie fécond embrasse tous les genres & enrichit tous les Arts! des Figures de Porcelaine, & par conséquent moulées, paroissent des Ouvrages de Sculpture. Je ne parle ici que de celles qui étant sans couverte, conservent mieux l'esprit de l'original, attendu qu'il n'est pas possible que le luisant & l'épaisseur de cette espéce de vernis n'en ôtent toutes les finesses. Les Connoisseurs ne manqueront pas à donner la préférence aux premieres. Pour ceux qui ne le sont pas, elles ont un autre avantage; aujourd'hui que par épargne peut-être encore plus que par luxe, on commence à orner les platteaux de dessert de ces petites

Figures de Saxe qui sont devenues si communes, & que l'on a substituées à ces pâtes moulées, ausquelles en effet on ne touchoit jamais : il n'est pas douteux que la Porcelaine sans couverte, qui ressemble si fort au sucre, ne convienne beaucoup mieux à cette destination. L'habileté de nos Artistes donnera toujours aux Ouvrages de ce genre qui se feront désormais à Seves, une grande supériorité sur ceux de Saxe. Ce sont des bagatelles, mais qui ne laissent pas de faire sortir beaucoup d'argent de France, ce qui mérite l'attention d'un Ministre éclairé ; au lieu de les tirer de l'étranger nous pourrons désormais en fournir nos voisins ; & c'est un double avantage que cette Manufacture seule peut procurer à l'Etat. Paris est depuis long-tems le Magasin de l'Europe pour toutes les frivolités que le caprice met à la mode ; c'est l'effet du goût particulier à la Nation. Tout ce qui est du ressort du goût s'imagine ou s'exécute plus heureusement parmi nous que dans les autres Pays.

Le Public a été fâché, sans être

surpris de ne rien voir au Sallon de M. Nattoire & de M. Pierre ; il sait que le premier travaille encore plus utilement à Rome pour la gloire de l'Académie, par les preuves qu'il y donne de son talent, & par les soins qu'il prend de former, dans celle dont il est le Directeur, des Eleves qui puissent un jour faire honneur à l'Ecole Françoise. Le second est chargé de peindre à St. Roch la Coupole de la Chapelle de la Communion ; quelques preuves qu'il ait donné de son génie, une pareille entreprise demande tout son tems, puisqu'elle doit mettre le sceau à sa réputation. A l'égard de M. Bouchardon, on connoît trop l'importance du Chef-d'œuvre dont il est occupé, pour ne pas lui savoir gré de s'y consacrer tout entier. Il travaille autant pour la postérité que pour son siécle, il immortalisera son nom par la Statue d'un Prince, l'honneur du nôtre, & l'un de ceux de la Monarchie qui ont le plus de droit à l'immortalité. *Atqui etiam si ad exprimendam auro, atque ebore Dei aut hominis effigiem, peritus esset* *admodum Phidias, temporis nihilominus otiique abundantiam ad Opera perficienda requirebat.* *

Tout ce que j'ai dit jusqu'ici prouve assez combien ces Expositions de Tableaux sont avantageuses aux Artistes & au Public même. Elles sont pour les premiers un moyen sûr de se faire connoître & d'apprendre ce qu'on pense de leurs Ouvrages. *Pictores & ii qui signa fabricantur, & vero etiam Poëtæ, suum quisque Opus à vulgo considerari vult; ut si quid reprehensum sit à pluribus, id corrigatur, iique & secum & cum aliis quid in eo peccatū exquirunt.* * *

Elles sont également utiles aux Spectateurs qui en rapportent toujours quelques idées du beau, qui peuvent contribuer à leur former le goût.

D'ailleurs si quelqu'un veut faire faire son Portrait, ou employer un Peintre d'un autre genre, il n'a qu'à aller au Sallon, s'il a des yeux, il connoîtra bien-tôt celui qu'il doit

---

* *Themistius.*

* * Cicer. 1. de Offic.

choisir; s'il se défie de ses lumieres; il n'a qu'à écouter; le Public lui nommera celui qu'il doit préférer. Le Portrait de M. Perinet que M. de la Tour exposa au Sallon il y a quelques années, est cause que l'on y a vu depuis, & que l'on y voit encore aujourd'hui ceux de tant de personnes illustres & dignes en effet d'être peintes par lui. Au premier Tableau que M. Vernet y envoya de Rome, il fut unanimement reconnu pour le premier Peintre de Paysages & de Marines qui soit aujourd'hui en Europe.

Ceux qui sont un peu initiés dans les Arts, n'ignorent pas cependant l'effet des critiques qui ont paru en différens tems sur les Sallons de Peinture, quelques-uns des principaux membres de l'Académie qui avoient à s'en plaindre, ne vouloient plus y exposer leurs Ouvrages. La sagesse de M. le Directeur des Bâtimens a vaincu leurs répugnances : l'obéissance ne coûte rien quand les Supérieurs sont aimés, & ceux qui protégent les Arts sont sûrs de l'être de ceux qui les cultivent. Il est vrai que la partialité, l'ignorance & la malignité avoient dicté laplûpart de ces Brochures. Il semble qu'on ne s'y fut proposé que d'insulter & de dégoûter les plus célébres Artistes. Si l'on pouvoit supposer quelques connoissances dans les Auteurs de ces Satyres, quel excès d'iniquité! si leurs intentions étoient droites, quel travers dans leur jugement!

D'ailleurs quoique la Peinture & la Poësie soient deux Arts qui se ressemblent en beaucoup de choses & qui touchent au même but, celui de plaire; les professions en sont bien différentes. On ne doit pas juger d'un Tableau avec la même sévérité que d'un Ouvrage dramatique. C'est par pure vanité qu'un homme s'expose sur la scéne, il veut apprendre au Public qu'il a de l'esprit, malheur à lui si son amour propre lui fait illusion, s'il n'obtient pas les applaudissemens, il court le risque d'être sifflé. Il n'en doit pas être ainsi du Peintre, dont la profession tient davantage du métier; quoique les efforts que font chacun de ceux qui s'appliquent à la Peinture, ne puissent pas être tous également heureux, celui qui faute d'avoir autant de talent que ses Rivaux, n'arrive pas à la même perfection, n'est pas pour cela ridicule, parce que son Ouvrage ne prouve pas qu'il soit vain. Il ne doit rien perdre de la considération dûe à un homme qui exerce une profession utile à la société. Il peut manquer la couronne sans s'exposer au sifler. Au lieu même de l'humilier, on doit lui savoir gré de ses efforts, quoiqu'infructueux. C'est en partant de ce principe, qu'à mon avis on doit admettre la même différence entre le Poëte & l'Orateur de la Chaire ou du Barreau. C'est moins la vanité que des raisons de convenance, qui font qu'un homme embrasse l'état d'Avocat. Une des fonctions les plus indispensables d'un Ecclésiastique, est d'annoncer la parole de Dieu. L'un & l'autre sont à plaindre, mais ils ne sont pas à blâmer s'ils n'ont pas le bonheur de réussir. Il n'y a point de reproche à faire à quiconque remplit son devoir de son mieux. La volonté ne donne pas des talens. On a besoin d'Avocats, on a besoin de Prédicateurs quels qu'ils folent. Les Poëtes à moins d'être excellens, sont totalement inutiles. L'Abbé Cottin qui avoit la manie de faire des vers & qui les faisoit plats, méritoit d'être sacrifié à la risée publique. L'Abbé Chassagne qui probablement prêchoit mal, mais qui faisoit peut-être de son mieux pour s'acquitter de ce qu'il regardoit comme son devoir, ne devoit pas être l'objet des satyres de Despréaux.

Telles sont les distinctions que l'on doit faire entre les différens talens. La sévérité de la Critique est toujours odieuse si elle n'est pas occasionnée par la présomption de celui qui en est l'objet.

» Un Auteur quel qu'il soit me paroît mériter
» Qu'aux efforts qu'il a faits on daigne se
» prêter.

dit Philinte dans le Glorieux. Ce que l'on doit accorder aux Poëtes comme une grace est une justice que l'on ne peut refuser aux Peintres. Mais les Auteurs de ces Brochures n'ont ni assez de discernement pour reconnoître la justesse de ces principes ; ni aſſez d'équité pour en faire uſage. Ils n'ont que l'envie de faire parler d'eux, peu leur importe à quel prix.

Combien en tout genre les demi-connoiſſances ne ſont-elles pas dangereuſes ! elles inſpirent un orgueil qui n'eſt propre qu'à égarer. C'eſt ce qui a donné lieu à cette reflexion de Quintilien ſi connue de tout le monde. *Felices eſſent Artes ſi de illis ſoli artifices judicarent*, & le vrai ſens de ce paſſage eſt qu'il ſeroit heureux pour les Arts, qu'il n'y ait que ceux qui s'y connoiſſent qui entrepriſſent d'en décider. * Il ſeroit

---

* *De Pictore, Sculptore, Fictore niſi Artifex judicare non poteſt.*

Plin. junior Lib. I. Epiſt. 10.

Artifices hic intellige non tantum Opifices manum tabulæ aut marmori admoventes, verum etiam tacitâ imaginativæ virtutis facultate in tantum pollentes, ut veras formaſque omnium rerum ſpecies animo ſemper obſervantes, cum picturis, ſtatuiſque naturam imitantibus conferre valeant, & certâ ſolertique conjecturâ Artificum diverſiſſimas manus in operis modo ac forma deprehendere poſſint.

Fr. junior de Pictura veterum.

Sans parler de M. le Comte de Caylus, de

ridicule de ſuppoſer que Quintilien eut prétendu, qu'à moins d'être un Démoſthêne ou un Cicéron, on ne pouvoit juger de l'Eloquence. Cet habile Rhéteur étoit incapable d'une pareille abſurdité.

M. le Marquis de Voyer, de M. le Comte de Vence, de M. Watelet, & de quelques autres Amateurs de l'Académie, qui ſont par l'excellence de leur goût de ſi bons juges en Peinture, on ſçait que M. de Charmois Sécretaire du Maréchal de Schomberg fut regardé comme un des premiers Fondateurs de cette Compagnie, qu'il en dreſſa les ſtatuts, que toutes les lettres de proviſion s'expédierent long-tems en ſon nom, & qu'elle ſembloit alors le reconnoître pour ſon Chef. Cependant il n'étoit ni Peintre ni Sculpteur, mais dans un voyage qu'il avoit fait à Rome, à la ſuite de ce Maréchal, Ambaſſadeur auprès du Pape, il avoit acquis une Théorie particuliere de ces deux Arts.

M. de Piles dans ſon Commentaire ſur le Poëme de du Frenoy, va plus loin, & prétend » que la ſuprême capacité eſt ſi rare » parmi les Peintres, qu'il s'en trouve peu » qui puiſſent être de bons juges des Ouvra» ges, & que l'on doit faire ſouvent plus » d'état de l'avis d'un homme de bon ſens, » que de celui de la plûpart des Peintres.

Il n'a pas prétendu non plus qu'il fallut savoir manier le pinceau pour juger de la Peinture. On a toujours compté au rang non des Maîtres, mais des Juges d'un Art, ceux qui se sont appliqués à en étudier les beautés & les défauts. Combien avons-nous de gens qui jugent bien de la Poësie, & qui ne pourroient pas faire deux vers ? Sans savoir ce que c'est qu'Exposition, Nœud & Dénouement, les femmes qui ont le sentiment délicat & le tact juste, discernent tous les jours une bonne Tragédie d'une mauvaise. Le bien de l'Art est de toucher, elles n'ont pas besoin d'en savoir les regles pour sentir tout le mérite d'une Scéne attendrissante. Mérope les touche, les ravit, les transporte, elles ont raison de conclure que Mérope est une bonne Tragédie. Il vient de paroître depuis peu un Ouvrage sur l'Architecture qui suppose beaucoup plus de connoissance dans cet Art, que n'en ont la plûpart de ceux qui le professent. L'Auteur ne laisse pas d'avouer qu'il n'est pas Architecte. M. Félibien, M. de Piles & M. l'Abbé du Bos qui ont donné de si excellens Ouvrages sur la Peinture, n'étoient pas des Peintres.

Ce que Quintilien blâme & avec raison, c'est l'arrogance de ceux qui veulent dogmatiser sur un Art sans s'y connoître. Celui qui aura par hazard appris à dessiner une Tulippe, se croira fait pour prononcer sur tous les Arts. Il fera le difficile pour passer pour Connoisseur, il citera tout à son tribunal pour en établir l'autorité, il voudra être le Des-Fontaines de la Peinture, il se rendra l'Arbitre des réputations ; & ce qu'il y aura de fâcheux, il trouvera des gens assez simples pour le croire.

Et nul n'aura du goût, hors nous & nos amis.

Un homme à Paris qui n'est rien & qui n'est propre à rien, n'a qu'à s'afficher par une brochure pour homme de goût, il devient à l'instant quelque chose, on l'en croit sur sa parole, les maisons des gens riches lui seront ouvertes, il fera la cour à ces *magnifiques Protecteurs* des Arts ; à son tour il verra les Artistes lui faire la leur dans la crainte qu'il ne décrie leurs Ouvrages ; enfin il passera pour *Connoisseur* auprès de ceux qui prennent le jargon pour le langage des Arts, & qui de même que le Paysan du *Médecin malgré lui*, sont portés naturellement à admirer ce qu'ils n'entendent pas. Ce caractere qui est un des ridicules de nos jours, seroit un excellent sujet de Comédie; mais ce ne pourroit être que pour ceux qui sont initiés aux mysteres des Arts. Le gros du public qui ne connoît pas de semblables originaux, ne pourroit être affecté du mérite des copies qu'on lui en présenteroit seulement; il est vrai que de pareils Aristarques n'en imposeront pas aux personnes sensées. Le Lecteur éclairé n'est point la dupe de quelques termes des Arts ramassés dans les atteliers de ceux qui les professent. Il sait gré à Félibien de n'en avoir employé presque aucun pour lui faire connoître les Peintres dont il a écrit les vies. Il trouve que c'est plus par ostentation que par nécessité que l'on a prodigué dans le dernier Abrégé de la vie des Peintres ces termes pour lesquels tout homme qui connoît aussi-bien la langue que l'art, trouvera des synonimes plus intelligibles; il s'apperçoit

dans

dans les Brochures dont je parle qu'on ne lui débite que des mots qui ne lui apprenent rien, & convaincu qu'on peut savoir les noms des outils d'un Sculpteur, sans être en état de juger les Chefs-d'œuvre de M. Bouchardon, il fait également justice à l'Artiste célébre & à l'Ecrivain obscur. Le premier demeure en possession de toute son estime, l'autre n'obtient que ses mépris.* L'excellence du talent triomphe sans peine de la méchanceté de la critique, qui tombe bientôt dans l'oubli. Voilà ce dont les gens de Lettres & les gens d'Art doivent être convaincus. On peut dire du bien ou du mal d'eux sans les servir ou sans leur nuire. La réputation d'un homme ne dépend uniquement que de ses propres Ouvrages. Vingt Brochures ont beau prôner le mérite d'un Architecte, le Public est bon juge; il ne s'en laisse pas imposer par

---

* Plutarque rapporte que Nicomachus répondit *ad rudem quemdam, qui sibi Zeuxidis Helenam non pulchram videri dixerat, sume tibi meos oculos, & Deam existimabis.*

les éloges que l'on fait d'un homme, lorſque ſes Ouvrages ne parlent pas pour lui.

Je vous demande pardon, Monſieur, de m'être ſi fort étendu ſur ces critiques, puiſqu'en effet les Artiſtes qui ont été le plus maltraités, les ont eux-mêmes ſi bien réfutées par les Ouvrages qu'ils ont expoſés cette année au Sallon. C'étoit l'unique maniere dont M. Addiſſon répondoit à ceux qui attaquoient les Feuilles de ſon Spectateur, il les laiſſoit dire, & s'acquéroit chaque jour une nouvelle gloire en continuant à travailler.

Il eſt tems d'en venir à l'ouvrage de M. le Marquis d'Argens dont vous voulez ſavoir mon ſentiment, & qui produit ce me ſemble un effet tout contraire à celui que l'Auteur s'eſt propoſé. Il eut travaillé plus utilement pour la gloire de la France, s'il eut choiſi nos Peintres d'aujourd'hui, & qu'il les eut oppoſés à tout ce qu'il y en a en Europe, de quelque Pays que ce ſoit, qui y ont de la réputation; l'Ecole Françoiſe pouvoit, je ne dis pas ſe ſoutenir, mais briller avec éclat dans de ſemblables paralleles. Ceux de M. le Marquis d'Argens ne ſont pas à ſon avantage. Auſſi eſt-il arrivé que *les Réflexions Critiques ſur les différentes Ecoles de Peinture*, * ont plus ſcandaliſé les Connoiſſeurs en cet Art, qu'elles n'ont excité la curioſité du Public. D'ailleurs il s'en faut beaucoup que l'Auteur y ſoit auſſi impartial qu'il affecte de vouloir le paroître. Il ſuffit, pour le prouver, de rapporter ici l'énumération qu'il fait de ceux des François qu'il regarde comme les grands hommes du Siécle dans les Lettres & dans les Arts. *Dans les tems*, dit-il, *où les Crébillon, les Piron, les Duché, les Prevôt, les Mairan, les Fontenelle, les Buffon, les d'Alembert, les la Condamine, les Raynal, les Du Reſnel, les Falconet, les Freron, & les Sainte-Palaye, illuſtrent leur Patrie, on voit les Vanloo, les Caze, les Reſtou, les Bouchers, les Natoire, les Tocqué, les Pierres, les Latour.* Il eſt à remarquer

* A Paris, chez Rollin, Quay des Auguſtins. 1752.

que le Marquis d'Argens ne nomme point ici deux hommes les plus célebres de l'Europe, M. de Voltaire & M. de Maupertuis, qui dans le tems où cet Ouvrage a été composé à Berlin, étoient de tous les François les plus honorés à la Cour du Roi de Prusse. On ne cherchera pas les raisons de ce silence affecté. Pourquoi ne pas nommer du moins M. le Président de Montesquieu, qui vient d'immortaliser son nom par un des Ouvrages qui peut faire le plus d'honneur à l'esprit humain. M. de la Chaussée, M. Gresset, M. du Clos & tant d'autres que l'on pourroit nommer, ne se trouvent pas non plus sur la liste des gens de Lettres, qui par leurs talens font honneur à la France. Combien au contraire contient-elle de noms, que sans offenser ceux qui les portent, le lecteur est tout étonné d'y trouver, & qui ne peuvent être connus à Berlin que de l'Auteur des Réflexions? On a remarqué que ceux des Journalistes ne lui ont point échappé, excepté celui du P. Berthier, qui cependant est si connu, & qu'on peut supprimer à la vérité, sans nuire à la célébrité qu'il s'est acquise à si juste titre.

Parmi les Peintres, M. de Troye & M. Parrocel que nous venons de perdre, & qui chacun dans leur genre, ont fait tant d'honneur à l'Académie, devoient ils être oubliés? M. Nattier n'est-il pas aussi célebre pour le Portrait que M. Tocqué son gendre? Doit-on passer sous silence des talens aussi éminens que ceux de M. Oudry & de M. Vernet? Un Peintre d'animaux, un Paysagiste aussi excellent que ceux que je viens de nommer, méritent plus de considération que des Peintres d'Histoire qui ne font que médiocrement les Figures. *Quidquid in suo genere satis effectum est, valet.* * On ne peut reprocher à l'Auteur de manquer de connoissance; il s'est toute sa vie appliqué aux Arts, de quoi faut-il donc qu'on l'accuse?

Il dit que la gloire de la France lui a fait entreprendre cet ouvrage; il faut l'en croire & lui savoir gré de tout le

* Quint. VIII. 3.

zele qu'il témoigne pour l'honneur de son Pays, lui qui l'a quitté depuis si long-tems. Mais la nature du zele est d'échauffer ceux qui s'y livrent au point que souvent ils s'égarent, s'ils ne prennent pas la raison pour guide. L'Auteur des Réflexions s'est laissé emporter trop loin par celui dont il étoit animé. Il n'est pas le premier qui ait dit que *la France a eu d'aussi grands Peintres que l'Italie*; c'en étoit bien assez, & il falloit s'en tenir là: Ce qu'il ajoute, *& en aussi grand nombre*, est trop manifestement contraire à la vérité. Pour le détromper, si la chose est possible, il suffit de le renvoyer à *l'Abécédario Pittorico*. Du moins il auroit dû s'appercevoir que son propre ouvrage détruit ce qu'il avance. Les Italiens ont une foule d'Artistes du premier ordre dont il ne fait pas mention; parmi ceux des nôtres qu'il choisit, il s'en trouve plusieurs qui sont bien loin de mériter les éloges qu'il leur donne. Le plan de son Ouvrage l'a obligé de rejetter parmi les Peintres d'Italie un grand nombre de ceux qui ont excellé dans les mêmes parties: pour soutenir sa These il a cherché parmi les nôtres & s'eſt aidé de tout ce qu'il a trouvé.

Il a judicieuſement remarqué que lorſque pour défendre la gloire du Siecle de Louis XIV, M. Perrault fit le Parallele des Anciens & des Modernes, il échoüa dans ſon entrepriſe, & qu'en oppoſant les Tragédies de Quinault * à celles de Sophocle & d'Euripide, il n'avoit fait que ſe rendre ridicule, même auprès des gens qui penſoient que les Modernes l'emportoient ſur les Anciens. Sans prétendre que l'Auteur des Réflexions ſoit menacé du même ſort, on peut dire du moins qu'il eut été plus ſage à lui de le craindre. Quelque habitué qu'il ſoit à écrire ſur toute ſorte de matiere, car il eſt vrai que tout lui eſt égal, il n'a pas dû ſe flatter d'en impoſer à toute l'Europe. La plûpart

* Nous avons des Peintres que l'Auteur des Réflexions comble d'éloges, & dont cependant les Ouvrages ſont plus foibles & plus doucereux que toutes les Tragédies de ce Poëte, qui, s'il n'a pas réuſſi en ce genre, a tellement excellé dans ſes Opéra, qu'il ſera toujours regardé comme un des premiers de la Nation.

de ſes Parallelles ſont autant de Paradoxes, il ſuffit de lire la table de ſon Livre pour en être convaincu.

L'Auteur des Réflexions Critiques a pû comparer Léonard de Vinci & Jean Couſin, * quoique leurs talens fuſſent

---

* Jean Couſin peignit principalement ſur le verre. Long-tems avant lui les François s'étoient rendus célébres en ce genre de Peinture. Ce ſont eux qui l'ont porté en Italie. M. Félibien dans ſes vies des Peintres, parle de pluſieurs vîtres que Jean Couſin a peintes, ſoit à Sens, ſoit à Paris. Il ne dit rien de celles de la Chapelle d'Anet qui ſont de ce tems-là, elles ſont de l'année 1548, & d'une telle beauté, qu'il y a apparence que ſi elles ne ſont pas entierement de lui, elles ont du moins été peintes d'après ſes deſſins. Elles ont même un grand avantage ſur les autres, c'eſt de ne diminuer preſque rien de la lumiere. L'Artiſte, quel qu'il ſoit, a eu l'eſprit de n'y employer que le blanc & le noir qui ſuffiſent pour donner le relief aux figures, & marquer les jours & les ombres. Ce ne ſont en effet que de grands & magnifiques deſſins ſur un fond tranſparent, où régnent cette correction & ce bon goût qu'avoient apporté en France les Peintres que François I. avoit fait venir d'Italie. Le vîtrage qui eſt au-deſſus du principal Autel, repréſente Jeſus-Chriſt qui enſeigne l'Oraiſon Dominicale aux Apô-

tres.

très-différens, attendu que l'un & l'autre ont chacun rendu le même service

---

tres. Les Vers François qui sont au bas, & ceux qui expliquent les sujets de l'Ancien Testament, peints sur les autres vîtres, pourroient faire soupçonner celui qui en est l'Auteur d'avoir été de la Religion prétendue Réformée, & c'est un reproche qui a été fait à Jean Cousin. D'ailleurs on sait qu'il étoit extrêmement bien venu à la Cour d'Henry II. qui a bâti le Château d'Anet, & dont le célébre Philibert de l'Orme a été l'Architecte. Les Ouvrages de Sculpture qu'on y voit encore, soit en marbre, soit en bronze, sont au rang des plus belles choses qui soient en France, & de celles qui méritent le plus la curiosité des Etrangers. M. de Vendôme a depuis embelli l'intérieur de ce Château, surtout par le magnifique appartement qu'il y a fait pour recevoir M. le Dauphin, Fils de Louis XIV. Avant ce tems, les fenêtres de ce bel Edifice étoient aussi peintes par d'habiles mains. Celles de la piéce principale représentoient tout ce que la Fable rapporte de Diane : on avoit mis au-dessous de chaque Tableau, des vers françois qui en expliquoient le sujet, & communément d'une maniere allégorique à Diane de Poictiers, pour qui le Château a été construit. La naïveté du style n'en fait pas le seul mérite. Comme le tems achevera bien-tôt de détruire le peu qui reste de ces Peintures, on s'est fait un plaisir de

à leur Pays, par des Ecrits estimés encore aujourd'hui, & qui ont beau-

---

dérober à ces Ouvrages quelques-uns de ces vers qui peuvent servir à nous faire connoître l'esprit qui régnoit à une Cour si fameuse par sa galanterie. Combien a-t-on recueilli de vers latins, qui par eux-mêmes ne valent pas ceux-ci, & qui sont pour nous bien moins intéressans ?

Au bas d'un Tableau qui représente Chioné percée d'un trait de Diane que l'on voit en l'air, portée sur un nuage.

Excusable est en Femme l'inconstance,
Mais se vouloir à Phébé comparer
Est un péché qui mérite vengeance,
Et qu'on ne peut que par mort réparer.

Les vers suivans sont au bas de différens sujets tellement brisés, qu'on n'y peut plus rien reconnoître.

Comme Diane est sujette à vengeance,
Quand se ressent par le vice offensée,
Aussi fait-elle aux chastes récompense,
Plus en ce tems qu'en la saison passée.

Un cœur fut-il aussi dur qu'un rocher,
Qui d'un Royal Siége est environné,
S'il ne se rend à la première approche,
Croyez qu'il est pour le moins étonné.

coup contribué au progrès de l'Art. Mais les Italiens ne seront pas les seuls étonnés de ce qu'il égale notre Fremi-

---

Le sole bruit de l'honneur & constance,
Que Diane a conquis par fermeté,
Peut arrêter les Rois & l'influence,
Qui les conduit tous à légiéreté.

C'est peu que d'être aux pauvres obligée,
Et leur sembler rigoureuse maîtresse,
Qui n'est des Dieux ou des Rois assiégée,
Ne doit pas faire état de sa fortresse.

Celle qu'on a vertueuse éprouvée,
Qui des efforts d'amor & de nature
S'est longuement avec honneur sauvée,
Se doit aimer sur toute créature.

Au bas d'un Tableau qui représente Junon.

Un Jupiter a bien peu de puissance,
Quand il ne peut ôter la fantaisie,
Ou qu'il ne donne autant de patience
A sa Juno comme de jalousie.

Au bas d'un Tableau représentant Apollon & Daphné.

Doit être en pierre ou en arbre changée,
Celle qui a beauté tant désirable,
Et qui ne s'est par bien-aimer rangée
A se montrer à l'ami secourable.

net au fameux Jules Romain. Les Ouvrages de l'un & de l'autre n'ont peut-être de commun que cette maniere fiere & terrible, que le premier avoit prise de Michel-Ange, & qui paroît avoir été naturelle à Jules Romain. Freminet a-t-il possédé au même degré que lui, toutes les parties qui constituent le grand Peintre ? Au génie le plus heureux & le plus vaste, a-t-il joint comme lui, le sçavoir le plus profond dans son Art ? Je ne parle pas de cette fecondité qui est telle que si peu de Peintres ont autant travaillé que Jules Romain, qui n'a vêcu que quarante-quatre ans, il en est moins encore qui ayent fait paroître tant d'abondance & de variété dans les compositions, tant de grandeur dans les pensées, tant de noblesse dans les inventions, que ce célébre Eleve & di-

---

Au bas d'un Tableau représentant la mort d'Hyppolite.

Hyppolitus ainsi que mort le point,
Disoit : Fortune, hélas, que t'ai-je fait ;
Rien qu'être aimé, dit-elle, & n'aimer point,
Je porte envie à l'homme tant parfait.

gne successeur du Prince de l'École Romaine. *

Les Tableaux de Santerre, à côté de ceux d'André del-Sarte, ne soutiendroient pas mieux la comparaison qu'on fait de ces deux Maîtres. **

---

* Dans la Parallele que l'Auteur fait de Jules Romain & de Freminet, il dit que ce qui rendit la carriere du Peintre François plus glorieuse c'est la tache que Jules Romain a pour toujours imprimé à sa mémoire, en composant ces vingt Estampes dissolues si connues sous le nom des figures de l'Arétin. Il a raison de condamner ces compositions impudiques qui ne deshonorent pas moins la Peinture, qu'elles blessent l'honnêteté. Cependant ces réflexions viendroient plus naturellement dans la vie de ce Peintre, que dans un Ouvrage où il n'est question que de talent. C'est comme si à propos du stile d'un Auteur, on lui reprochoit des satyres personnelles, & toutes ces mauvaises plaisanteries des Ecrivains communs, qui tombent sur les Femmes, sur les Gens de Robe, sur les Moines & sur les Ecclésiastiques, ou ce qui est plus criminel, ces traits scandaleux qui attaquent ce que la Religion a de plus sacré.

** *Ils* donnent encore lieu à l'Auteur de finir la Section X. où il en parle par une réflexion morale. Santerre ne se maria jamais, & André del-Sarte eut beaucoup de chagrins à

Combien eſt-il plus étonnant encore de voir le Bourdon ſeul, faire tête à tous les Carraches ? ce n'eſt pas que ce ne fût un très-habile homme, le Martyre de St. Pierre qu'on voit de lui à Notre-Dame, en eſt une preuve ; mais quel que ſoit ſon mérite, on ne peut nier du moins qu'il ne ſoit fort éclipſé par celui d'Annibal Carrache, * & ſur-tout par la gloire qu'a

---

eſſuyer de ſa Femme. Cela n'empêche pas Monſieur le Marquis d'Argens de conſeiller aux Peintres d'Hiſtoire de ſe marier, pour prévenir les inconvéniens qui peuvent naître de l'obligation où ils ſont de deſſiner des Femmes nues, études, qui, comme il le remarque très-bien, ſont toujours contraires à l'eſprit de Religion. M. du Freſnoy ne s'eſt pas arrêté à ces conſidérations, quelqu'attentif qu'il ſoit à l'honnêteté des mœurs, il ne laiſſe pas de recommander le célibat aux Peintres, parce que tout ce qui entraîne de l'embarras, eſt contraire au génie de la Peinture, & on ſait que *litibus & curis in cœlibe libera vita.*

* *Aviene ſpello, che una gemma o altra coſa tenendoſi, potrà bella apparire, e paragonata con altra, perderà riputatione, e non parerà piu quella.*

Lodovico Dolle. Dialogo della Pittura.

eue celui-ci, d'avoir fondé une nouvelle Ecole de Peinture en Italie : parmi tant d'Eleves habiles qu'il a formés, il en est peu, qui ayent pu atteindre à cette excellente maniere qui le caractérise. Le Bourdon n'en a point eu d'arrêtée, il a cherché tour-à-tour le Titien, le Poussin & le Bénédette, & ne paroît pas avoir assez étudié la nature : d'ailleurs il est trop inégal dans ses Ouvrages.

Noël Coypel & le Parmesan ont tous deux été de grands Peintres, mais ont-ils rien qui se ressemble ? Quelles que soient les graces de Raphaël & du Correge, le Parmesan en a qui lui sont particulieres. Il pourroit prendre pour devise ce mot de Lucrece. *Chariton mia, tota merum sal.* Je ne pense pas que cet éloge convienne au Peintre François, que M. le Marquis d'Argens a cru pouvoir lui opposer.

Parmi ceux de la premiere classe, ausquels on pouvoit comparer M. le Moine, ce n'est point Rubens, c'est Pietre de Cortone qu'il falloit choisir. On trouve dans l'un & l'autre, les mêmes graces & la même nobleſſe dans la diſpoſition des Figures, la même fineſſe dans leurs airs de tête, & cette belle union de couleurs, qui ravit ceux qui s'y connoiſſent, & qui plaît aux ignorans même. Ce n'eſt pas non plus au Guide qu'il falloit oppoſer le Pouſſin, c'eſt aux Peintres de l'Italie, qui ont le plus excellé dans les deux grandes parties de la compoſition & du deſſin. La premiere eſt aſſurément celle qui fait le plus d'honneur au génie, & l'un des avantages de notre Ecole Françoiſe, eſt de ne s'y être pas moins diſtingué que dans le deſſin. Voilà ce que M. le Marquis d'Argens devoit & pouvoit aiſément prouver. La comparer pour le coloris à l'Ecole Vénitiene & à l'Ecole Flamande, c'eſt pouſſer trop loin la prévention nationale. Nous avons eû quelques bons coloriſtes, mais ils ſont rares. Que de Peintres Vénitiens & Flamands au contraire ſe ſont, malgré leurs défauts dans les autres parties, fait un grand nom par le charme tout-puiſſant de la couleur ! Ils ſont trop connus pour avoir beſoin d'être cités. Quelque louable que ſoit M. de la Foſſe à cet égard, il figure mal à côté de Paul Veroneſe; * Titien & Blanchant, Tintoret & Vanloo le Pere, font encore des contraſtes plus ſenſibles. De ſemblables Paralleles prouvent trop contre nous. Il falloit en relevant le mérite des grands Peintres que nous avons eus, reconnoître de bonne foi, que dans le coloris, ils ſe ſont rendus

* L'avantage qu'a M. de la Foſſe dans la partie que les Italiens appellent *coſtume*, n'a aucun rapport au talent. Il tient à des connoiſſances que d'auſſi grands hommes que le Tintoret & Paul Veroneſe ont eû tort de négliger. Ils n'ont étudié que la nature : c'eſt un reproche qu'on a ſouvent fait aux Peintres Vénitiens : il eſt même étonnant qu'aujourd'hui que le ſiécle eſt plus éclairé, quelques-uns de ceux de cette Ecole le ſoient encore ſi peu. Il n'y a pas long-tems qu'à une expoſition de Tableaux, un Peintre de Veniſe en mit un qui repréſentoit la mort de Pompée : ce que le ſien avoit de plus remarquable, étoit une figure qui du bord de la mer, regardoit avec une lorgnette, poignarder ce Héros, action comique dans un pareil ſujet, & qui ne péche pas moins contre le bon ſens, que contre *le coſtume*.

moins recommandables que les Vénitiens & les Flamands. L'Ecole Romaine ne perd rien de sa supériorité sur toutes les autres, pour être plus foible en cette partie; on peut avouer la même chose de la nôtre, sans rien diminuer de sa gloire. Ce n'est pas le tout d'être bon François, il faut être équitable envers les autres Nations. La nôtre se fait aujourd'hui un devoir de rendre justice au mérite de celles même qui sont ses rivales. Un pareil Ouvrage n'eut pas été fait dans son sein, il lui est étranger, & elle ne pourroit l'adopter sans se rendre ridicule aux yeux de ses voisins.

Un des Paralleles les plus singuliers des Réflexions Critiques, est celui de Krayer, Peintre Flamand, qui n'est pas aussi connu qu'il mérite de l'être, avec le célebre Puget que quelques Tableaux qui ne sont pas sans mérite n'avoient pas fait jusqu'ici placer au rang des Peintres éminens, de même qu'on n'a jamais compté Raphaël parmi les grands Sculpteurs, quoiqu'il ait fait une Statuë de Jonas en marbre, dont on a toujours parlé avec éloge. *L'habile*

Connoiſſeur qui a fait la deſcription de ce Cabinet, auquel on a donné, ſans qu'on ſache pourquoi, le nom de *Cabinet d'Aix*, ne fait que rendre juſtice au Puget, lorſqu'il dit qu'il a ſû animer le marbre, & le rendre pour ainſi-dire auſſi fléxible que la chair même. L'amour du nom François l'a fait peut-être exagérer lorſqu'il ajoute que, *ſemblable à Michel-Ange*, * *mais que plus*

---

* On voit dans les Jardins de la Maiſon de M. le Maréchal de Richelieu, à la rue de Clichy, deux Statues de ce célébre Sculpteur, à qui il ne manque que d'être achevées pour être comptées parmi ſes chefs-d'œuvres. Elles avoient été deſtinées pour le Tombeau de Jules II. où il devoit y en avoir quarante. La grandeur de l'entrepriſe la fit échouer : il n'y eut d'achevé que ce fameux Moyſe, que l'on voit à Rome dans l'Egliſe de St. Pierre aux liens. Michel-Ange fit préſent de ces deux-ci à Robert Strozzi, qui les envoya au Roi François I. Elles ont été long-tems à Ecouen, & furent portées depuis à Richelieu, d'où M. le Maréchal les a fait venir. Elles repréſentent deux Eſclaves. Il faut que M. Félibien qui en fait mention dans la vie de Michel-Ange, ne les eut pas vues, car il en parle comme d'ouvrages finis, quoiqu'il y ait beaucoup de parties qui ne ſont pas terminées, &

naturel & plus délicat, il a réuni les talens de la Peinture, de la Sculpture &

---

que la tête d'un de ces Esclaves ne soit que dégrossie. Le mouvement de la tête de cette figure, pourroit faire soupçonner au contraire qu'elle n'a pas été inconnue au Puget, celui qu'il a donné à la tête de son admirable Milon, en tient beaucoup. Mais il est arrivé souvent aux grands hommes de se rencontrer: cette force de génie qui les égale, peut enfanter des idées qui leur soient communes. Quoi qu'il en soit, on doit regarder ce qui est terminé dans ces figures, comme ce que Michel-Ange a fait de plus beau, & ceux qui sont connoisseurs dans les arts, ne l'admireront pas moins dans ce qui n'est qu'ébauché, que dans ce qui est fini. L'esprit de l'Artiste se reconnoît par-tout, & la vie est déja dans le marbre qui n'est encore que dégrossi. Comme il avoit la connoissance la plus parfaite de tout ce qui compose le corps de l'homme, on voit le soin qu'il prenoit d'en rechercher & d'en exprimer toutes les parties en ce qu'il y a d'achevé dans ces figures: les attachemens des os & des muscles y sont prononcés avec tout le sçavoir & le jugement de ce grand maître de l'art. Ce que Cassiodore rapporte des Statues antiques, est vrai à la lettre de celles-ci, *Quod quisquis eas intuebitur videbit profecto pulchriora quam cogitare potuerit .... Conspiciet expressas in ære venas,*

de l'Architecture, que *lorsque les occasions s'en sont présentées, il a décoré des Palais, & qu'alors il a paru un grand Architecte*; que *d'autres fois il a confié à la toile des idées imposantes qu'on ne se*

---

nisu quodam musculos tumentes, nervos quasi gradu tensos, & sic hominem fusum in diversas similitudines, ut credat potius esse generatum.. Variarum. VII, 15.

Quoique ces deux Statues soient au rang de ce que l'on peut voir à Paris de plus précieux, elles ne sont pourtant pas les seules dans ces Jardins, qui ayent de quoi plaire aux connoisseurs; il y en a encore d'antiques qui méritent leur attention. Le Bacchus que l'on y voit, est du bon siécle de la Sculpture; le grouppe de l'Amour & de Psiché, est d'une grande beauté. La figure de l'Amour est remarquable par ce caractere de graces & de molesse, que les Anciens lui ont toujours donné, & qui en effet dans l'enfance, est presque commun aux deux sexes, ce qui a fait dire à Athénée que: *tum demum formosos esse pueros, cum sint foeminis simillimi.* Ausone est du même sentiment dans l'éloge qu'il fait de la beauté d'un enfant

Dum dubitat Natura marem faceret-ne puellam,
Factus es ô pulcher pene puella puer.

Tel est l'amour antique dont je parle.. C'est à cet égard un modele qu'on ne peut trop étudier.

lasse point d'admirer ; que dans celui dont il fait la description, *Puget laisse appercevoir combien son esprit étoit rempli de ce qu'il avoit vû dans Rome,* * *attendu que les ruines du Temple qui occupent le fonds de son Ouvrage, sont une imitation d'une ruine presque semblable qui se trouve au pied du Capitole.* Un si petit détail devient bien froid après de si grands éloges : il pourroit faire soupçonner que l'on n'a si fort loué le Peintre que pour faire valoir le Tableau. On en peut juger par la gravure, ainsi que de cette Vierge du même Cabinet & du même Auteur à qui M. le Marquis d'Argens donne les graces du Corrége.** L'usage où l'on est de ne

---

* M. le Marquis d'Argens prétend que ce connoisseur qu'il cite & qu'il ne nomme pas, est dans l'erreur, & que le Puget n'a jamais été à Rome, mais il se trompe lui-même. Le Puget y a été en effet, & y fit connoissance avec Pierre de Cortone, qui le ramena à Florence, lorsque le Grand Duc l'y appella. Voyez les Mémoires pour servir aux vies des hommes illustres de Provence. Pages 56, 57.

** » Il ne faut pas que les Etrangers nous » accusent de louer avec excès les Peintres de » notre nation, comme quelques-uns d'eux

loüer que par comparaison, empêche d'observer les nuances qui mettent de si grandes différences entre les hommes qui ont la même sorte de mérite, quoique le degré n'en soit pas le même. On donne à un Peintre les graces du Correge, comme on donne à un Orateur l'Éloquence de Cicéron & à un Guerrier la valeur d'Aléxandre.

Il est bien vrai que les Tableaux que le Puget a faits pour Marseille, ont de quoi plaire aux yeux même qui ont vû l'Italie; mais il s'en faut beaucoup qu'on puisse les comparer à ses Chefs-d'œuvre de Sculpture. J'appelle ainsi le Mi-

---

» ont fait ceux de leur pays : c'est pourquoi » je ne vous dirai pas que le Sueur ait égalé » Raphael & le Titien dans la correction du » dessin & la beauté du coloris, ni qu'il ait » sçu comme le Poussin, toutes les belles par» ties nécessaires à la perfection de la Pein» ture. Mais s'il n'est pas arrivé à un si haut » degré de doctrine, il s'est bien élevé, & » n'est pas tombé dans beaucoup de fautes » qu'on peut remarquer en plusieurs des Pein» tres qui ont travaillé de son tems. *Félibien.*

L'Auteur des Réflexions, qui surement a lu *les Entretiens sur les vies des Peintres* auroit bien du profiter de cette leçon.

lon & l'Andromede qui sont à Versailles, le S. Sébastien & le S. Fabien que l'on voit à l'Eglise de Carignan à Gênes, & les Cariatides dont il a enrichi la porte de l'Hôtel de Ville de Toulon. Il s'est bâti lui même en cette Ville une Maison où la différence entre les Peintures & l'Architecture dont il l'a décoré est encore plus sensible. Le Puget ne le céde en rien aux Sculpteurs de la premiere classe ; il est difficile de décider quel rang on doit lui donner parmi les Peintres, & l'on peut douter encore si on doit le compter au nombre des Architectes.

L'expérience nous a depuis longtems appris à nous défier de toutes ces descriptions de Cabinet qui sont à vendre. * Celui dont l'Auteur des Réfle-

* L'Auteur du *Dictionnaire abrégé de Peinture & d'Architecture*, parle ainsi de la *description sommaire du Cabinet de M.* Crozat, à l'article du Guerchin. » M. Mariette a eû un peu » d'indulgence pour ce Peintre, comme pour » quelques autres. En général il faut beaucoup » rabatre des éloges qu'on trouve dans les » Catalogues d'Estampes, de Tableaux & d'au» tres curiosités dont on veut favoriser le dé» bit par de pompeuses descriptions.

xions

xions Critiques affecte de parler si souvent, sous le nom du *Cabinet d'Aix*, n'a pas soutenu à Paris la réputation qu'on s'étoit efforcé de lui donner en faisant graver tous les Tableaux, sans en excepter les copies. Après avoir été annoncé dans les Affiches, il a été vendu publiquement, & n'a guere produit plus de quatre mille livres, somme très-modique pour un Cabinet qui a fait tant de bruit & que l'on n'a pû faire graver sans dépenser beaucoup davantage. On peut se plaindre du mauvais goût de Paris; il ne laisse pas d'être vrai qu'il n'y a point de Ville en Europe où il y ait plus de Connoisseurs, je parle de ceux que ni les éloges imprimés, ni les gravures ne peuvent tromper.

Le zele de l'honneur de la France a fait continuellement donner l'Auteur des Réflexions Critiques, dans des exagérations qui ne se peuvent pardonner à un homme qui se pique de connoître les Arts. Un Auteur qui écriroit sur ces matieres, & qui ne seroit jamais sorti de France, seroit à peine excusable de dire *que nous avons autant de moyens de bien colorier à Paris, qu'en ont les jeunes gens qui vont à Rome pour se gâter & prendre un goût de brique dans les Tableaux & dans les Fraisques nombreuses de Jules Romain, dans les Tableaux noirs du Carrache, dans les Ouvrages de couleur de cendre de Michel-Ange, & de Daniel de Volterre; enfin dans le goût foible & grisâtre de presque tous les Peintres de l'Ecole Romaine si l'on en excepte Carle-Maratte.* Il est difficile de deviner d'où peut venir l'humeur que l'Auteur témoigne ici contre Rome. Les jeunes gens que l'on y envoye pour s'y former, sçavent, avant que de partir, que c'est le dessin & non la couleur de ces grands Maîtres qu'ils doivent étudier. D'ailleurs le Maître de Carle-Maratte, Andréa Zacchi auroit sûrement trouvé grace sur cet article aux yeux de tout autre Connoisseur. C'est le plus digne Eleve de l'Albane, qui n'étoit pas un médiocre Coloriste. Piétre de Cortonne n'est-il pas dans le même cas, lui qui ne s'est pas rendu moins recommandable par le bel emploi des couleurs, que par le génie & la facilité qu'il a eues pour les grandes Ordonnances.

Il ſemble, à entendre parler M. le Marquis d'Argens, qu'il n'y ait à étudier à Rome que les Fraiſques de Jules Romain & de Daniel de Volterre. A ce langage peut-on ſe perſuader qu'il y ait été ? Comment a-t-il pû oublier le nombre infini de Tableaux des plus grands Maîtres, que renferment tant de Palais qu'il y a vû? En eſt-il un à Veniſe qui ſoit auſſi riche en Titiens que le Palais Borgheſe, quoique tous ceux qu'on y voit ne ſoient pas tous de ſa main ? Les Egliſes de Rome ne ſont-elles pas autant de tréſors de Peinture continuellement ouverts à quiconque veut ſe perfectionner en ce bel Art ? On y trouve dans tous les genres des modeles qu'on ne peut trop étudier. Sans parler des différens Maîtres que l'Auteur des Réflexions a cité, qu'elle Ecole pour les jeunes gens, je pourrois dire encore pour des Maîtres de l'Art, (on n'excelle pas dans toutes les parties, un grand homme même peut trouver à apprendre d'un autre,) quelle Ecole, dis-je, que les Peintures du Dominiquin qui sont à S. Louis des François, à S. André de Laval & à S. Charles des Catenares? Si le Coloris de ces grands Ouvrages n'eſt pas auſſi admirable que le diſent les Italiens, il n'eſt pas auſſi médiocre que M. le Marquis d'Argens le prétend. M. de Piles à la vérité parle encore plus déſavantageuſement du Dominiquin en cette partie, il ne fait pas de difficulté de le traiter de mauvais Coloriſte. Ce Juge ne peut être excuſable d'avoir prononcé un Arrêt ſi ſevere, que parce qu'il ne connoiſſoit de lui que quelques Tableaux de Chevallet : s'il eût vû les Chefs-d'œuvre dont je parle, il lui auroit rendu plus de juſtice. Qu'il ſeroit heureux pour notre Ecole d'avoir pluſieurs Peintres que dans la partie même du Coloris, on put comparer au Dominiquin!

Que de beaux Tableaux ne voit-on pas encore, & dans les Palais, & dans les Egliſes de Rome, de cet Andréa Zacchi dont je viens de parler. M. Félibien, partiſan peut-être trop outré du mérite ſupérieur du Pouſſin, paroît n'avoir pas rendu tout-à-fait juſtice à quelques autres Peintres de ſon tems. Il parle légérement de celui-ci, & ſe contente de se mettre au même niveau qu'André Camacée, éleve du Dominiquin. Tous deux selon lui ont *eu des talens qui pouvoient les faire considérer*. A Rome on pense bien différemment de l'un & de l'autre. On ne balance pas aujourd'hui à mettre Andréa Zacchi au rang des Peintres qui se sont rendus les plus recommandables. Des étudians en peinture peuvent copier, sans craindre de se gâter les yeux par la couleur de brique, la *Mort de S. Joseph* à l'Eglise de S. Charles des Caténares, & *la Vision de S. Romuald* à celle des Camaldules.*

---

* Le premier de ces Tableaux est remarquable par la beauté de la composition, & la force de l'expression. M. Cochin à qui ce qu'il y a de plus précieux à Rome, ne pouvoit échapper, a par un talent qui n'a été donné qu'à lui, dans un dessin qui n'est pas si grand qu'une page *in-douze*, rendu toute la finesse & toutes les graces de ce Tableau. Les meilleurs copistes ont rarement saisi aussi heureusement tout l'esprit de leur original.

La vision de St. Romuald est, comme disent les Italiens, un *Opera da stupire*. Elle est regardée comme un des quatre plus beaux Tableaux de Rome. On sçait que les trois au-

Si nous avons eû de grands Peintres, tels que le Sueur, qui n'ont pas été à Rome, il est à présumer que s'ils y eussent passé quelques années, ils eussent encore été plus grands : ** on en peut juger par Rubens, qui, quels que fussent ses talens naturels, doit en partie au séjour qu'il y a fait, les avantages qui l'élevent au-dessus de tous les Peintres de sa Nation. D'autres ont remarqué qu'il n'a manqué au Corrége, pour atteindre à la perfection de son art, que d'avoir copié les belles antiques de Rome, & profité des exemples que les autres Peintres ont eû. Philippe de

---

tres sont, la *Transfiguration* de Raphaël, la *Descente de croix* de Daniel de Voltere, & la *Communion de St. Jérôme* du Dominiquin.

André Camacée n'a point fait de Tableaux que l'on puisse comparer à ceux-ci, il n'a de commun avec Andréa Zacchi, que d'avoir été de son tems, & d'avoir peint comme lui pour l'Eglise de St. Pierre.

** M. Félibien convient lui-même, que dans les Ouvrages de ce Peintre, quelques parfaits qu'ils soient, on apperçoit encore qu'il n'avoit pas fait *assez d'étude dans l'histoire, ni même d'après les Antiques & les plus excellens Maîtres d'Italie.*

Champagne quoique né avec beaucoup de talent, n'a fait que des Ouvrages agréables, & n'est demeuré si foible, que pour n'y avoir pas été puiser un meilleur goût.

Ce qu'avance l'Auteur des Réflexions est encore démenti chaque jour par l'expérience, ceux de nos Peintres qui vont achever à Rome les études que demandent un Art si difficile, en reviennent tous plus habiles & d'ordinaire meilleurs Coloristes. Les Ouvrages qu'ils font à leur retour se sentent des progrès qu'ils ont fait dans leur Art. Au bout de deux ans de séjour à Paris, ils ne sont plus les mêmes; la plupart se négligent, surtout pour le Coloris. Ils s'en font un de pratique qui ne tient plus rien de celui de la nature. Je n'en citerai qu'un exemple : c'est un Peintre qui ne vit plus, ce que l'on dit des morts ne sçauroit leur nuire ; & l'examen de ce qu'ils ont fait de bon ou de mauvais, est une leçon dont les vivans profitent d'autant plus volontiers qu'elle n'a pas dequoi humilier leur amour-propre. Combien les Ouvrages que M. Raous a faits à Paris, sont-ils différens de ceux qu'il a peints en Italie? On voit dans le Cabinet de M. de la Bouexiere les quatre Âges qui viennent de celui de M. le Grand Prieur. Pour peu que l'on se connoisse en Peinture, il est aisé de s'appercevoir que le Tableau qui représente l'Enfance a été fait à Rome, & que celui de la Vieillesse a dû être peint à Venise. Celui-ci l'emporte sur le premier pour la couleur, sans lui être inférieur pour le dessin. Les deux autres ne se sentent malheureusement que trop d'avoir été faits à Paris : pour la couleur même ils sont bien au-dessous de celui de Rome, & si l'on y reconnoît encore le même Peintre, on ne peut s'empêcher de s'écrier : *Quantum mutatus ab illo*! Ce n'est peut-être pas parce que le Poussin a toujours peint à Rome, que dans plus de ses Ouvrages son Coloris est si défectueux; on a des Tableaux de lui qui prouvent qu'il a connu cette partie, & il se peut qu'il ne l'ait depuis négligée, que parce qu'il ne l'estimoit pas assez. Quel homme n'est-il pas dans celles ausquelles ils s'est appliqué. On ne voit pas les raisons qu'il auroit eues de changer de façon de penser

à

à Paris ; & certainement s'il eut voulu s'y perfectionner dans la couleur, il y eut moins trouvé de grands modeles à imiter.

On ne peut nier qu'en cette partie Venise n'ait encore sur Paris de plus grands avantages que Rome. C'est pour cela qu'il feroit utile aux jeunes gens que l'on envoye à l'Académie de France, pour se perfectionner dans la Peinture, de pouvoir, après avoir long-tems étudié la force, la noblesse & l'élégance du dessin des grands Maîtres de l'Ecole Romaine, de pouvoir, dis-je, avant que de revenir en France, s'arrêter assez à Venise, pour y étudier la couleur d'après les modeles les plus parfaits en cette partie. C'est la plus agréable en Peinture, si ce n'est pas la plus essentielle. Plusieurs ont senti l'utilité d'un pareil séjour, à qui leurs facultés n'ont pas permis de se satisfaire. Six mois de plus de la pension dont ils jouissent à l'Académie de Rome, les mettroit à portée de faire une étude, qui probablement augmenteroit encore la gloire de celle de Paris. J'ajouterai que Blanchard lui-même que M. de Piles met au-dessus de tous les Peintres François pour la couleur, ne doit l'honneur que lui fait M. le Marquis d'Argens de le comparer au Titien, qu'à la sagesse qu'il a eue de s'arrêter deux ans à Venise pour y étudier les Ouvrages de ce grand Peintre. On doit regarder Blanchard comme son Ecolier, & quand il l'auroit égalé, le premier auroit toujours l'avantage d'avoir été son Maître, & ce qui prouve la supériorité de son génie, de n'en avoir point eu d'autre que la nature. Elle est la même pour tous ceux qui veulent la consulter, mais tous n'ont pas les mêmes yeux pour la bien voir, & les mêmes dispositions pour profiter de ses leçons. Le Peintre François a eu besoin d'un guide dans cette étude, les talens du Titien lui ont suffi pour parvenir à l'imitation la plus parfaite.

On ne craindra pas d'avouer que les derniers Ouvrages de M. de Troye pèchent par la couleur de brique ; il reste à sçavoir si le long séjour qu'il a fait à Rome où il est mort Directeur de l'Académie, en est la cause : à l'âge où il a contracté cette maniere vicieuse les Fraiſques de Jules Romain ne lui gâtoient pas les yeux ; il ne les conſultoit plus, & certainement il ne s'eſt jamais propoſé de l'imiter. Il avoit pour peindre une facilité, dont il n'eſt pas étonnant qu'il ait abuſé. Lorſque l'on s'eſt perfectionné dans ſon Art à un certain point, on croit n'avoir plus beſoin de conſulter la nature, inſenſiblement on la perd de vue, & l'on n'a plus recours au modele que pour les attitudes de quelques Figures principales. Comme il ſe fut négligé de même à Paris, il n'y a pas d'apparence qu'il y eut mieux colorié l'Hiſtoire de Jaſon. D'un autre côté peut-être ſeroit-il arrivé que ſon génie qui n'y eut pas été échauffé par les grands modeles de Peinture que l'on a continuellement à Rome ſous les yeux, n'eut pas ſi heureuſement imaginé, & ſi ingénieuſement compoſé cette ſuite de Tableaux qui lui a fait tant d'honneur. Perſonne ne ſentoit mieux que lui ce qu'il y avoit de beau dans les Ouvrages de Raphaël, du Pouſſin ou du Carache ; ce n'étoit pas un ſervile imitateur, c'étoit un Obſervateur habile qui ſe rendoit propre ce que ſon bon goût lui faiſoit adopter. C'eſt pour cela que dans ces derniers Tableaux même on trouve tant de Jugement & tant d'Art dans les ordonnances, tant de force & de variété d'expreſſions dans les figures & une maniere de traiter le Payſage ſi ſavante ; on voit qu'il y a ſuivi exactement l'exemple de l'Abeille, qui au lieu de s'arrêter à une ſeule fleur, parcourt toutes celles qu'elle rencontre pour y puiſer les différens ſucs dont elle compoſe ſon miel ; exemple tant de fois propoſé aux Peintres, & qu'en effet ils ne peuvent trop imiter : Un Peintre qui ſçait bien obſerver les choſes, peut retirer plus de fruit de ſes réflexions qu'en ſe fatiguant à les copier, & il y a plus de choſes à obſerver à Rome que par tout ailleurs, quand ce ne ſeroit que le grand goût de l'Antique.

Cependant, au lieu de ſuivre ces maximes, de conſulter les différens Maîtres & d'étudier la nature en tout, on ne s'attache qu'à une ſeule partie ; on deſſine d'après le nud, & l'on colorie de pratique. C'eſt pour cela qu'en France il ſe trouve tant de grands Deſſtinateurs, & ſi peu de bons Coloriſtes. Comment pourroit-on atteindre à la perfection de la couleur, lorſque l'on néglige ſi fort l'unique voye qui y conduiſe? Peut-être même que la vivacité particuliere à notre Nation, & ce que les Italiens appellent la *Furia Franceſe*, ne comportent pas cette patience néceſſaire pour exceller dans cette partie. On ne peut y parvenir ſans un travail obſtiné, auquel l'impétuoſité du génie François a peine à ſe ſoumetre. Les Vénitiens & les Flamands ſur-tout, ſont certainement plus patiens que nous. Quels avantages n'ont pas nos voiſins, dans toutes les choſes qui ne demandent qu'une application ſuivie? Lorſqu'avec le tems ils ſont ſurs de vaincre la difficulté, ils comptent pour rien la peine: en beaucoup de choſes, nous trouvons que le ſuccès coûte trop cher. Ce n'eſt pas que nos Artiſtes craignent le travail; ce qui les dégoûte, c'eſt de ne pas changer d'objet. Leur imagination ſe refroidit lorſqu'elle eſt trop long-tems arrêtée ſur le même.

Dans le Gouvernement, dans les Sciences, dans les Arts, chaque Nation porte son génie particulier. Les causes du moral sont dans le Phisique. Voilà ce que M. le Marquis d'Argens auroit dû ne pas perdre de vûe. Il eut reconnu dans le caractere François, un obstacle de plus à vaincre pour réussir dans une partie qui demande peut-être encore plus d'étude que les autres, quoiqu'elle soit moins du ressort de l'esprit.

Je finirai ces remarques sur *les Réflexions critiques*, par un reproche encore plus considérable, que l'on est en droit de faire à l'Auteur, c'est de n'avoir point fait entrer dans le plan de son Ouvrage, un Art qui en faisoit une partie essentielle, & où les François se sont si glorieusement distingués, de l'aveu même des Italiens les plus jaloux du mérite de leur Nation. Pourquoi parmi ses Paralleles, ne trouve-t-on pas ceux des Sculpteurs célébres des différentes Ecoles? La Peinture & la Sculpture font également partie des Académies de Rome & de Paris. Sans examiner ici auquel des deux Arts on doit la préférence, question frivole & qui n'aboutit à rien, il eſt certain que le nom de Phidias n'eſt pas moins fameux que celui d'Apelles, & que les grands Peintres & les grands Sculpteurs ont toujours été placés au même rang. C'eſt en cette derniere qualité que le Puget en auroit occupé un ſi éminent dans le Parallele qu'on auroit pu faire de lui & de Michel-Ange, avec lequel il auroit certainement mieux figuré qu'avec un Peintre Flamand, dont les talens ne ſont connus que dans ſon Pays. Nous avons eû d'autres Sculpteurs avant & depuis le Puget, qu'on pouvoit oppoſer de même à ceux de l'Italie, qui ont le plus excellé dans leur art, témoins les Jean Gougeon, les Germain Pilon, les Girardon, les Coiſevox, les Couſtou & tant d'autres qui ſe ſont immortaliſés par leurs Ouvrages. Depuis l'établiſſement des Arts en France, on y trouve une ſucceſſion non interrompue d'habiles Sculpteurs, dont les noms auroient donné plus de relief aux Paralleles de M. le Marquis d'Argens, que ceux de pluſieurs Peintres François qui n'ont pas acquis aſſez de célébrité, pour y figurer auſſi avantageusement qu'il se le persuade.

Un Italien à qui la jalousie contre notre Nation, auroit dicté de semblables Paralleles, auroit-il pu trouver un moyen plus sûr pour diminuer la gloire que les François ont acquise dans les Arts, que de ne rien dire de celui où dans tous les tems ils se sont rendus recommandables, & où toute l'Europe reconnoît aujourd'hui leur supériorité. J'ai parlé plus haut des Peintres vivans, qui, selon l'Auteur des Réflexions, illustrent leur Patrie par leurs talens, pense-t-il que ceux d'un Bouchardon, d'un Pigalle, d'un Michel-Ange Slodtz, d'un le Moine, d'un Saly, soient moins estimables, & lui fassent moins d'honneur ?

C'est moins par la dureté de la matiere qu'ils employent, que par l'excellence de leur travail, que de pareils Artistes feront passer à la postérité la plus reculée, les événemens glorieux du Régne de Louis XV. Déja leurs Ouvrages ne sont pas moins recherchés des Etrangers, que ceux de l'Antiquité, qui sont les plus estimés. Au milieu de ces Bâtimens superbes ;

qu'un Roi protecteur des Sciences & des Arts, a décoré des Tableaux de *nos Boullogne, de nos Case, de nos Watteau & de nos Chardin.* * Ce Mercure si admirable de M. Pigalle, suffisoit pour avertir M. le Marquis d'Argens de l'excellence de nos Sculpteurs, & lui prouver qu'en leur genre, ils ne sont pas moins d'honneur à leur Patrie, que nos Peintres. Le projet de son Ouvrage est louable, mais l'exécution ne répond pas au dessein. *Infelix Operis summa.* Si dans la partie qu'il a embrassé, il paroît avoir ignoré ce qui peut manquer aux Artistes François, par celle qu'il a négligé de traiter, il semble avoir encore moins senti ce en quoi ils excellent. Il perd beaucoup de peine à déguiser ce qu'ils ont de petit : il y avoit quelque chose de plus simple à faire pour leur gloire, & qui lui auroit moins coûté, c'étoit de les représenter en ce qu'ils ont de plus grand.

L'envie de se faire un nom, est l'unique motif qui fasse entreprendre de

---

* Réflexions Critiques, Page 14.

semblables Ouvrages, l'utilité publique n'en est que le prétexte. On veut se faire lire, & l'on ne choisit un genre plutôt qu'un autre, que parce qu'on a vu réussir des Livres qui en ont traité. La profession d'Auteur, assez souvent n'est qu'un métier. Jamais on n'a tant écrit en France que dans ce tems-ci, sur tout ce qui est l'objet du goût. *L'esprit des Beaux Arts*, & les *Beaux Arts réduits à un même principe*, sont au rang des Ouvrages de cette espéce, que le Public a le plus accueillis. Combien ne nous a-t-on pas donné d'essais sur le Goût & sur le Beau, qui sont de véritables Traités, ou des Traités qui ne sont que de foibles essais? Que d'Ecrits particuliers ne voit-on pas paroître chaque jour sur la Peinture & la Sculpture? Que de dissertations qui traitent de leur progrès, sans y contribuer!

Les Ouvrages de M. de Voltaire sont remplis des éloges de ceux qui se sont distingués dans les différens Arts: il est naturel de lui en supposer l'amour, puisqu'il cherche à en inspirer le zéle. Nos jeunes Poëtes ont pris le ton de celui qu'ils croyent fait, pour le donner à notre siécle; mais ils ne se doutent pas que ce n'est pas assez de louer les Arts, pour persuader qu'on les aime; ils s'échauffent en pure perte: leur maniere d'en parler prouve évidemment qu'ils n'y entendent rien. Ils ont beau se récrier sur le dessin de Raphaël, & les graces du Correge; ce sont des échos qui répétent sans sentiment ce qu'ils ont entendu dire. Ils ne connoissent Mignard que par le Poëme que Moliere a fait sur les Peintures du Dome du Val de Grace, & les Tableaux du Palais Royal, que par la description qui en est imprimée. Les catalogues de Gersaint sont encore une des sources les plus fécondes de leurs lumieres. C'est avec ce grand fond de connoissances, que ces Messieurs ne craignent pas de décider du mérite des Peintres anciens & modernes. La démangeaison des Ecrivains d'aujourd'hui, est de vouloir parler des Arts sans s'y connoître.*

---

* » Que n'ai-je le goût exquis, le sçavoir

Les Artistes s'en plaignent, & ils ont raison. Mais quelques-uns d'entre eux ne songent pas qu'on pourroit leur faire un autre reproche, qui n'est pas moins bien fondé. La manie du siécle les gagne sans qu'ils s'en apperçoivent: la fureur d'écrire s'est emparée de tous les esprits, & c'est un autre Art qui a aussi ses difficultés, & dont se mêlent aujourd'hui, ceux même qui n'en ont pas les premiers principes. ** Tel pourroit se faire honneur par son talent, qui perd son tems à vouloir en disserter. La réponse d'Annibal Carrache à Louis son cousin, devroit leur servir de leçon: *les Poëtes*, dit-

---

» consommé, & le merveilleux talent de ces fa-
» meux littérateurs, qui ont le secret unique
» de nous représenter sous les plus pompeuses
» images, des choses dont ils n'ont pas les
» moindres élémens, moyennant une demi-
» douzaine de mots d'emprunt! Ce seroit sans
» doute une belle occasion de passer pour *vir-*
» *tuose* à bon marché, &c.

Le Cosmopolite.

** Platon exile de sa République les Artistes qui veulent professer deux Arts à la fois, persuadé que ce partage les empêche d'exceller dans aucun.

il, *peignent avec la parole, les Peintres parlent avec le pinceau.* * Tel est en effet leur véritable langage. Raphaël est encore un plus grand maître que du Fresnoy. L'un ne parle qu'à l'esprît, l'autre frappe les sens, qui sont les organes les plus puissans de nos appréhensions. ** C'est bien le cas d'appliquer ici cet excellent passage d'Horace, & que pour cette raison on a cité tant de fois.

Segnius irritant animos demissa per aurem,
Quam quæ sunt oculis submissa fidelibus & quæ
Ipse sibi tradit spectator.

La lecture de l'*Art de peindre* & de quelques autres bons Ouvrages qui ont le même objet, ne peut qu'être utile à un Peintre; il faut connoître la théorie des Arts sans doute, c'est une lumiere nécessaire pour se conduire, mais la voye la plus sure de

---

* C'est le mot de Simonide, rapporté par Plutarque. *Picturam esse Poësin tacentem, Poësin verò, Picturam loquentem.*

** *Longum est iter per præcepta, breve & efficax per exempla.* Sen. Ep. 6.

s'y perfectionner, est la pratique. Un jeune homme apprendra mieux à dessiner dans l'Ecole d'Athénes, qu'en lisant toutes les dissertations où l'on parle du dessin. Ceux qui sont faits pour l'enseigner, ne peuvent former de bons écoliers, que le crayon à la main. La plume ne leur réussira pas si bien. La vie d'un Peintre ne doit être autre chose que l'histoire de ses Ouvrages, & le récit des moyens que son génie a employé pour se perfectionner dans son talent. Ce n'est que par-là qu'elle peut servir d'instruction à ceux qui auront la louable ambition de vouloir l'imiter. C'est dans cet esprit qu'ont été faites *les vies des premiers Peintres du Roi*, qui ont paru depuis peu, aussi ont-elles été écrites par des plumes dignes d'être consacrées aux Arts. La matiere étoit riche, mais le travail l'est encore beaucoup davantage. Tout Ouvrage où ce but d'utilité ne se fait pas sentir, n'est bon qu'à grossir les catalogues de Livres qui s'impriment aujourd'hui à chaque vente. Il ne sera lu de personne, & ne sera acheté que par ceux, dont le tic est de ramasser tout ce qui se fait de bon ou de mauvais, sur une matiere qui est de leur goût.

Je ne puis passer ici sous silence un des Articles les plus singuliers du gros Recueil des vies des Peintres Flamands, qu'on vient de donner au Public. C'est celui de Jean Torrentius, dont les Ouvrages se ressentoient de la dépravation de ses mœurs, au point que dans la recherche qui en fut faite, ceux que l'on pu découvrit, furent condamnés par la justice de Harlem, à être brûlés par la main du Bourreau, ce qui donne lieu à l'Auteur de faire cette réflexion. *Les Peintres & les Poëtes excellens, lorsqu'ils sont impies, sont d'autant plus dangereux, qu'ils prêtent des attraits au crime*. Il est, ce me semble, assez difficile de concevoir comment des Tableaux impies d'un Peintre, quelqu'excellens qu'il soient, peuvent prêter des attraits au crime. Les Figures de l'Arétin, sur lesquelles on prétend que Torrentius avoit enchéri, blessent toute sorte de pudeur: ces Peintures de libertinage ne sont que trop dangereuſes, ſans qu'on puiſſe dire qu'elles ſoient impies. Il eſt vrai que ce Peintre Hollandois profeſſoit l'impiété, mais il ne s'agit pas de ſes ſentimens, il eſt queſtion de ſes Tableaux. Malgré tout ce que la Peinture & la Poëſie ont, comme je l'ai déja dit, de commun en pluſieurs points, ce ſont à d'autres égards des talens bien différens, que l'on n'affecte tant de comparer, que pour parvenir à les confondre. M. Félibien lui-même donne ſouvent ttop à la Peinture, * ſurtout à la fin de ſes vies des Peintres,

* Que dire de M. de Piles, qui dans ſon Commentaire ſur le Poëme de du Freſnoy, met au rang des qualités néceſſaires pour faire un grand Peintre, UNE FIGURE AGRÉABLE, *parce que*, dit-il, *le Peintre ſe peint toujours dans ſes Tableaux, & que la nature aime à produire ſon ſemblable?* Peut-on reconnoître ici un homme, qui par-tout ailleurs, raiſonne ſi judicieuſement de la Peinture. Ce ne ſont point les traits de ſon viſage, c'eſt ſon caractere qu'un Peintre ſans y penſer, peint dans ſes Ouvrages. Celui qui auroit la figure la plus avantageuſe, & qui placeroit ſon Portrait dans tous les ſiens, ne mériteroit pas à cet égard de grands éloges.

où

où il s'exprime ainsi : « Tout ce que
„ nous avons dit, ne regarde que cet
„ art de plaire & de tromper. Il y a
„ dans la Peinture une fin encore plus
„ noble & plus relevée, qui est celle
„ d'instruire, & qui est commune aux
„ Sciences & aux Arts, dont Dieu
„ n'a donné la connoissance aux hom-
„ mes, que pour en tirer de l'utilité
„ & en bien user. Pour cette partie
„ qui est indépendante de toutes les
„ Régles, c'est une matiere qui mé-
„ riteroit bien que l'on en traitât, de
„ la maniere que je m'imagine que cela
„ devroit être.

L'Allégorie est la voye que les Peintres prennent d'ordinaire pour nous instruire, & comme leur art ne suffit pas toujours au but qu'ils se proposent, il arrive souvent que leurs leçons ne sont pas moins inintelligibles pour nous, que les Hiérogliphes des Egyptiens.

» Le même Auteur dit ailleurs, qu'il
„ faut par des compositions Allégori-
„ ques, sçavoir couvrir sous le voile
„ de la Fable, les vertus des grands
„ hommes, & les mystéres les plus re-

„ levés. Je ne craindrai pourtant pas de dire que le sens mystérieux renfermé dans les Peintures simboliques, que Nicolas Mignard & Nicolas Loyr ont fait aux Thuilleries, eut été pour jamais ignoré, si M. Félibien n'eut pris la peine de nous le développer. Se seroit-on imaginé que par le châtiment de Marsias, Mignard eût voulu exprimer „ une image de la punition que „ mériteroient ces personnes présomp„ tueuses, qui oseroient s'égaler en „ l'art de conduire les peuples, à un „ Prince (Louis XIV.) qui sçait s'en „ acquitter avec cette prudente harmo„ nie, qui n'est bien entendue que par „ ceux qui l'ont reçu du Ciel, & que „ dans le Tableau où Loyr a peint Procris qui donne un dard à Céphale, „ ce Chasseur si considérable dans la „ Fable pour sa diligence, étant tou„ jours en campagne avant le lever „ du soleil, marque le soin qu'un vrai „ courtisan doit avoir d'être matinal, „ & se trouver au Palais du Prince „ avant son lever. Je ne sçais si ceux qui ont été le plus assidus au lever de Louis XIV, se sont jamais douté que les Tableaux de ce Sallon, qui n'offroient à leurs yeux que des Fables connues, étoient autant d'instructions mystérieuses où ils pouvoient lire leur devoir. Le mot de ces Enigmes n'étant pas au bas, il leur eut été difficile de se les appliquer. Combien avons-nous de ces Tableaux allégoriques, qui peut-être renferment un sens moral, mais si caché, qu'il est impossible de les déchiffrer. M. le Marquis d'Ancézune en posséde un très-beau de Guido Canacci, où tout l'art d'Œdipe ne viendroit pas à bout de deviner ce qu'il a voulu représenter. Dans la description qu'un Poëte fait d'un objet, quelque mal qu'il le peigne, on le reconnoît. Dans les instructions que les Peintres veulent nous donner, quelqu'art qu'ils y mettent, on a toujours peine à les entendre. Ce qui prouve encore que dans ces deux Arts qui ont tant de choses communes, il y a pourtant des différences essentielles. La Poësie qui ne joint pas l'utile à l'agréable, perd beaucoup de son prix, la Peinture peut se borner à plaire, sans cesser d'être estimable, parce que c'est là son principal objet. Il seroit même à souhaiter qoe les Peintres qui, pour nous instruire, traitent des sujets d'histoire peu connus, eussent l'attention d'indiqner le fait par quelque passage de l'Auteur dont ils l'ont tiré.* La plûpart de ceux qui

---

* On ne sera peut être pas fâché de voir ici l'explication la plus singuliere qu'il fut possible de donner, de la *vision d'Ezechiel*, peinte par Raphaël, qui est au Palais Royal. Il y en a à Rome, au Palais Falconieri, une copie que l'on donne pour original Voici ce que l'on à écrit sur un papier attaché au derriere du Tableau. *La Figura che qui si rapresenta è Giove in compania de suoi Geni celesti, posta su l'Aquila, la quale è simbolo di Giove;* „ *L'Orsa che lo sostiene à destra, Cio* „ *e Calisto Figliola di Licaone Re d'Arcadia,* „ *che possieduta da Giove, è poscia transfor-* „ *mata in orsa, la colloco frà le stelle; la* „ *vacca che lo sostiene à sinistra, è la bella* „ *Io Figliosa del fiume Inaco, che parimente* „ *possieduta da Giove, è dal medemo transfor-* „ *mata in vacca, è transportata frà le stelle* „ *fù per adorata Dea.*

La Figura qui est ici représentée, est Jupiter accompagné de ses Génies célestes, posé sur l'Aigle, qui est le simbole de Jupiter. L'Ourse qui le soutient à droite (cette prétendue Ourse

voyent un Tableau, ne sont pas sçavans, & ceux qui le sont le plus, ne peuvent avoir toute l'histoire assez présente pour reconnoître une action particuliere, ce qui est absolument nécessaire pour juger du mérite de celui qui l'a représentée.

Quoiqu'en dise M. Felibien, autant les Peintres ont de ressources dans leur art pour parler aux gens instruits, autant il leur est difficile d'y en trouver pour instruire eux-mêmes. On peut assurer aussi l'Auteur de la vie de Tor-

---

est un Bœuf très-bien caractérisé dans le Tableau) *est Calisto, fille de Licaon Roi d'Arcadie, qui après avoir été possédée par Jupiter, & depuis transformée en Ourse, fut placée parmi les étoiles. La Vache qui le soutient à gauche, est la belle Io, fille du Fleuve Inacus, qui après avoir été de même possédée par Jupiter, ensuite transformée par lui en vache, & transportée parmi les étoiles, fut depuis adorée comme Déesse.* Cette Note est si singuliere, qu'elle a l'air d'une plaisanterie; si elle est de bonne foi, ce que j'ai peine à croire, elle est de quelqu'un qui connoît mieux la Fable que la Bible. Il est vrai que nous avons beaucoup de Tableaux, dont les explications ne sont guére moins étranges.

rentius qu'il feroit à souhaiter pour la Religion, que les Poëtes ne fussent pas en effet plus dangereux que les Peintres. Les Tableaux les plus impies s'il en est, ne feront jamais le mal que peut faire l'Epître à Uranie. Il ne faut donner aux Arts que ce qui leur est propre. Pour élever la Peinture, même en condamnant ses abus, on la fait ici plus dangereuse qu'elle ne peut l'être. Un esprit déja corrompu n'est pas trop souvent frappé du trait d'une Epigramme scandaleuse, & la Peinture ne fait point d'Epigrammes. Comme elle parle aux sens encore plus qu'à l'esprit; elle a sur la Poësie un avantage considérable, c'est d'être aussi impuissante à détruire qu'habile à édifier. C'est dans la Représentation de nos Mysteres & des objets de notre dévotion qu'est son véritable triomphe : en cette partie il est difficile à la Poësie de l'égaler. Les plus beaux vers en l'honneur de la Sainte Vierge ne feront pas autant d'effet que la seule inspection d'un Tableau où elle sera peinte par Raphaël ou par le Correge, par le Guide ou par Carle-Maratte. On a fait beaucoup de Poëmes sur la Passion, s'en trouve-t-il un où il y ait autant de pathétique que dans le Tableau d'Annibal Carrache, qui est au Palais-Royal, & qui représente un Christ que l'on met au tombeau, ou dans la Descente de Croix de le Brun? Que de Portraits n'a-t-on pas fait dans nos Chaires de la Magdeleine Pénitente sans qu'on en y ait jamais peut-être entendu un aussi touchant que celui que l'on voit aux Carmélites de la rue S. Jacques? Le même Peintre a fait encore un Tableau qui pour l'expression n'est pas moins admirable; je veux parler du Massacre des Innocens qui est au Palais-Royal. Tout le sublime de la Poësie auroit peine à rendre aussi heureusement la force & la violence de la douleur de cette Mere désespérée qui pleure ses enfans. L'expression de cette figure qui est sur le devant du Tableau est si touchante, qu'il est difficile de la considérer long-tems soi-même avec des yeux secs! *Sæpe numero miserabilis hujus rei imaginem in pictura vidi, neque absque lacrymis spectaculum præterii, adeo perspicue & evidenter Ars pingendi oculis rem gestam* *subjecit.* *

Convaincu, comme on l'eſt, des effets de la Peinture, ** qui peut contribuer puiſſamment à ranimer la piété des Fideles, n'eſt-il pas étonnant qu'aujourd'hui que nous avons tant d'habiles Peintres, on en faſſe travailler de ſi médiocres dans nos Egliſes? Il vaudroit mieux dépenſer moins à la Menuiſerie d'une Chapelle & faire faire le Tableau de l'Autel par un Artiſte excellent. La repréſentation du Saint à qui elle eſt dédiée en devroit toujours être le principal ornement On a beau y multiplier les dorures, elles n'inſpireront pas la dévotion. Nous prêtons aux Saints nos idées, nous croyons les ho-

---

* Valer. Max. Lib. V. Cap. 4.

** L'Hiſtoire des Peintres de l'Académie en fournit un exemple remarquable. Simon François ayant vu un Tableau de la Nativité de Notre Seigneur, en fut ſi touché, qu'il réſolut d'apprendre un Art, qui par la force de ſes expreſſions, ſçavoit frapper le cœur auſſi vivement que les yeux. Il s'y rendit aſſez habile pour mériter l'eſtime du Guide, qui fit ſon Portrait, lorſque ce Peintre François paſſa à Bologne.

norer

norer par ce vain étalage de richesses. Une beauté mâle & noble devroit être le caractere de tout ce qui est employé à la décoration des Eglises, rien n'y convient moins que cette gentillesse & cette galanterie qui regnent aujourd'hui en tout ce que nous faisons * dans ces Edifices consacrés uniquement à l'adoration & à la priere, tout devroit se sentir de la sainteté du lieu & de la Majesté de Dieu qui y réside.

Pour ce qui regarde une partie encore plus essentielle de la décoration des Temples, je veux dire l'Architecture, ce n'est pas une matiere que l'on puisse traiter en passant; je me contenterai de dire que ceux qui la professent sont d'autant moins excusables dans leurs écarts que nous avons à Paris d'excellens modeles sur lesquels ils peuvent se regler. Croiroit-on que le Portail des Grands Jésuites ait été construit après celui de Saint Gervais, le Dôme de l'Assomption après celui du

* *Nihil potest placere, quod non decet. Quint.*

Val de Grace, & le Palais Royal après le Luxembourg ? Un homme de beaucoup d'esprit & de beaucoup de goût vient de faire imprimer nouvellement un *Traité d'Architecture* dont j'ai déja parlé & auquel je renvoye le Lecteur. Cet Ouvrage est rempli de préceptes très-sages & de critiques très-judicieuses. Mais en rendant justice à l'Auteur, on ne peut s'empêcher d'avoir regret de lui voir à tant de lumieres, allier les préventions les plus étranges : ne seroit-il pas possible du moins de le réconcilier avec les Pilastres, dont on peut abuser, mais qui malgré ce qu'il en dit, sont autant dans la nature que les colonnes, & qui sagement employés, contribuent beaucoup à la décoration des Bâtimens ?

Les Ouvrages de cette espece, lorsque, comme dans celui-ci, l'on y trouve l'agrément du stile joint à l'intelligence de la matiere, sont aujourd'hui sûrs de réussir. M. Félibien qui a dédié à M. Colbert ses *Entretiens sur les vies des Peintres*, lui dit : » qu'il y avoit » long-tems qu'il avoit médité cet Ou» vrage, mais qu'il ne pouvoit se ré-

» ſoudre à l'expoſer au Public ; parce » que les Arts ne lui ſembloient pas » alors aſſez eſtimés pour en faire » connoître le mérite & l'excellence. « Ce qui devoit produire en lui un effet tout contraire. C'eſt préciſément parce qu'on n'en reconnoiſſoit pas aſſez l'utilité, qu'il étoit de ſon devoir de la faire ſentir au Public. Dans ce temslà ceux qui écrivoient ſur les Arts, craignoient de n'être pas lus. Plus récemment encore, lorſque les excellentes *Réflexions ſur la Poëſie & ſur la Peinture* de M. l'Abbé du Bos furent imprimées pour la premiere fois, il n'y eut que quelques Lecteurs qui en connurent le prix : elles ſont à préſent entre les mains de tout le monde, & chaque jour elles reparoiſſent encore ſous de nouvelles formes. Sans parler de tant de diſſertations auſquelles elles ont donné lieu, & qui n'en ſont que des copies, pluſieurs livres nouveaux ont eû de la vogue, dont les Auteurs n'ont fait qu'entendre & développer les idées de M. l'Abbé du Bos. Il faut beaucoup de génie pour n'être pas réduit à être plagiaire, lorsqu'on écrit sur des matieres où tout est dit. On trouve de l'esprit dans tous les écrits, & c'est tout ce qu'on y trouve : ils prouvent qu'on peut être agréable sans être neuf, & du moins amusent le Public s'ils ne l'instruisent pas.

Le succès de tant d'Ouvrages sur l'utilité ou la gloire des Arts annonce un changement arrivé parmi nous, la mode, ou ce qui est la même chose, l'inconstance particuliere à notre Nation, ne lui permet pas de s'occuper long-tems des mêmes objets. Quelle différence ne remarque-t-on pas entre le siécle d'Auguste & le siécle d'Adrien ! Il ne nous faut pas tant de tems qu'aux Romains pour éprouver les mêmes révolutions : combien seroit-il plus heureux que l'on put acquérir d'un côté sans rien perdre de l'autre ! On conserveroit cet avantage, si chacun consultant moins la mode que son talent, ne s'adonnoit en effet qu'aux choses ausquelles il se sent propre.

» On ne posséde pas tous les dons en partage,
» Mais chacun a le sien. Qui le connoît est
» sage.

dit un de nos Poëtes. * Cependant on voit encore tous les jours des gens du plus heureux génie en éteindre tout le feu dans le commerce des Sciences abſtraites pour leſquelles ils ne ſont pas faits. Nos beaux eſprits veulent être Philoſophes, nos Philoſophes veulent être beaux eſprits : ** l'un hériſſe des épines de la Métaphyſique des Ouvrages de pur agrément, l'autre attache des *pompons* à la Philoſophie. M. de Fontenelle l'a peut-être trop parée, mais du moins il a choiſi les fleurs dont il a couronné ſa tête ; ceux qui ont voulu l'imiter & qui n'ont pas le goût auſſi délicat, ont ramaſſé pour l'orner tout ce qu'ils ont trouvé ſous leurs mains & n'ont fait que la défigurer en voulant l'embellir. Les Géometres, de qui on devoit moins attendre ce travers ſont

---

* *Nemo enim huc atque illuc inclinans proficere poteſt.*

Arriani Epict. IV. 2.

** *Propriam naturam ſequamur, & ſtudia noſtra naturæ regula metiamur : neque enim attinet repugnare naturæ : nec quicquam ſequi, quod aſſequi nequeas.*

Cic. de Offic. Lib. I.

précifément ceux qui l'ont porté le plus loin. La manie du bel efprit eft une efpece de contagion qui infecte tous les états, jufqu'à ceux même où l'on ne devroit s'occuper que de l'étude des Arts. Cependant on perd beaucoup de tems & l'on ne gagne fouvent que des ridicules à vouloir paroître autre chofe que ce qu'on eft. Il faut s'en tenir à la regle & au compas lorfque l'on n'a pas les doigts affez délicats pour toucher la Lyre.

C'eft fous l'étendard des talens que les Géometres ont trouvé le fecret de s'introduire dans le monde, ils n'y ont pas été plutôt admis qu'ils leur ont fait la guerre; ils ont aujourd'hui fujet de s'en repentir : ils ont eu un empire brillant, mais court. Leur chute doit d'autant plus les humilier que leur triomphe leur avoit tourné la tête. L'époque de leur gloire eft ce moment où tout Paris s'eft crû Géometre. C'eft alors que parut *le Newtonianifme pour les Dames*. Chacun fe perfuada qu'en effet il étoit inutile de fe donner tant de peine pour devenir favant, & que l'imitateur de la *Pluralité des*

Mondes avoit mis à la portée de l'intelligence la plus commune tout le sublime de la Philosophie nouvelle. On étudia *les Institutions Physiques*. On apprit par cœur *les Elémens de Newton*. A l'aide de ces Apôtres ingénieux de l'attraction, les Géometres eurent enfin la satisfaction de voir ce nouveau systême adopté dans le monde. Il est bien vrai qu'on l'a reçu sans l'entendre; mais dès ce moment même ils n'ont plus eu dequoi occuper la société. Lorsque dans les cercles de Paris on ne parloit que de Piéces de Théâtre, de Romans & de Sonnets, les gens du monde se tiroient d'affaire à moins de frais. Dans ces derniers tems qu'il falloit prononcer entre Newton & Léibnitz, entre Mrs Cassini & de Maupertuis & plus récemment encore entre le même Mr de Maupertuis & Mr. Kœnig, ceux qui ont voulu par air prendre part à ces grandes querelles, n'ont brillé que foiblement pour la peine qu'ils se sont donnée. A ce jeu les Géométres avoient tout l'avantage; ils tenoient toujours le dés. Le cercle même n'en sçavoit pas assez pour juger des coups.

Tout le monde n'eſt pas fait pour s'intéreſſer aux Forces vives & pour comprendre les Mondes, & l'on ſe laſſe bientôt de ce qui n'eſt ni inſtructif ni amuſant. Avouons-le de bonne foi, les converſations ſur les couleurs & ſur l'Electricité, ont eu d'abord quelque choſe d'aſſez neuf, mais elles ne pouvoient pas être inépuiſables; un Coquillier eſt embarraſſant; les vers ſe mettent aux Papillons; on ne voit pas tous les jours des Aurores boréales; Deſcartes n'eſt plus à la mode; *

---

* L'Auteur d'un Poëme *ſur le Charlataniſme des Sçavans*, s'exprime ainſi à ce ſujet.

Les Syſtêmes d'ailleurs changent comme les modes,
Depuis qu'il eſt permis de croire aux Antipodes,
Et que l'on peut paſſer pour bon Phyſicien,
Sans devenir ſuſpect d'être un mauvais chrétien
Rome de jour en jour devient plus circonſpecte,
Elle fait reſpecter ce qu'il faut qu'on reſpecte,
Et ſans décider rien, laiſſe ſur l'Univers,
Les Sçavans partagés en ſentimens divers.
Que la Terre ſoit ronde ou qu'elle ſoit ovale,
La choſe dans le fond n'eſt-elle pas égale?
Ce ſeroit faire tort à la Religion
Que de l'intéreſſer à cette queſtion:
Peut-être n'en fut-il jamais de plus frivole.
Je vous révéle ici le ſecret de l'Ecole.
Dans tous nos démêlés dont on eſt mal inſtruit,
Nous n'avons d'autre objet que de faire du bruit.

Newton est trop difficile à entendre. Il seroit vraiment fort agréable d'être Géometre, si on pouvoit le devenir à sa toilette. Mais nous n'avons qu'une femme qui ait pu y parvenir, & qui à la tête de ses Institutions Physiques, au lieu de l'Aigle, auroit dû prendre le Phenix pour devise, *Rara avis in terris*. Heureusement pour le Public, avec l'aide d'un des plus grands Algébristes de Paris, elle a fini dans les derniers jours de sa vie, le Commentaire lumineux sur Newton, auquel elle avoit

---

Ces vaines questions qu'on agite en Physique
Sont pour nous soutenir notre ressource unique ;
„ C'est là notre courant. La nature de soi
„ Est constante en sa marche, & suit la même loi :
„ De tant d'Etres divers rien n'interrompt la chaîne,
„ A peine en cinquante ans voit-on un Phénomene,
„ Pour piquer du Public la curiosité,
„ Nous étions à *quia* sans l'Electricité.
„ En faits intéressans quand les tems sont stériles,
„ Nos rôles à jouer deviennent difficiles :
„ Il se trouve à Paris tant d'oisifs curieux,
„ Et le peuple est pour nous tout oreille, tout yeux;
„ Trop heureux toutesfois qu'il ait cette manie
„ Pour l'occuper de soi, chacun suit son génie,
„ Ses talens, ou du moins ses goûts particuliers.
„ Ceux-là font les distraits, ceux-ci les singuliers,
„ Tel est notre crédit parmi les gens crédules,
„ Que tout nous réussit jusqu'à nos ridicules.
„ Les esprits à rebours prennent tout à l'envers :
„ Le mérite près d'eux, sert moins que les travers.

travaillé si long-tems. La mort de cette illustre Savante & la retraite de M. de Maupertuis en Prusse ont mis la Géométie sur le côté.

Les Arts triomphent enfin, & la Musique sur tout, qui grace à cet homme célebre, le premier de l'Europe du côté du sçavoir, a fait en France plus de progrès depuis vingt ans, qu'elle n'en avoit fait dans les cinquante qui les avoient précédés. Aussi parmi nous à présent comme autrefois parmi les Grecs, elle fait une partie considérable de l'éducation. A leur exemple * je ne doute pas que nous n'y ajoutions bien-tôt encore l'étude du dessin, qui ouvre les yeux & les rend capables de juger de tout ce qui est du ressort du goût. Les Bureaux d'esprit sont anciens à Paris, les Bureaux de goût sont de datte moderne. Il s'y trouve des

* *Græcorum plerique, teste Aristotele. Lib. VIII. Polit. Cap. 3. Liberos suos pingendi Artem docebant, ut ne in vasorum & supellectilis emptione & venditione decipi possint, seu potius quod in pulchritudine corporum cognoscendâ solertiores redderentur.*

Professeurs en ce genre, il s'y forme des Profélites. Le bel esprit est remplacé par le *Virtuose*, chaque maison veut avoir le sien. C'est dans ces sociétés que se fabriquent tous ces Ecrits sur la Peinture que l'on donne au Public comme des Oracles, & qu'il ne reçoit que comme des Ouvrages de cabale. C'est là que l'on force les Artistes à soumettre les productions de leur génie à la décision du tribunal: le moindre des inconvéniens qui en résulte, est la perte du tems de ceux qui sont assidus à y faite leur cour dans l'espérance de se rendre les juges favorables. La prévention y décide au gré des affections particulieres; l'homme médiocre y a de grands avantages; sa complaisance ou plûtôt sa bassesse lui tiennent lieu de talent: aussi est-ce celui qu'on prône le plus & dont on prend à tâche de faire la réputation. C'est *le Protégé*. L'habile homme qui peut se passer d'avoir de semblables Protecteurs ne tarde pas à vouloir secouer le joug; mais il n'est pas toujours maître de leur échapper; lui-même se trouve encore souvent protégé malgré lui, car ils ont la rage de protéger, comme le Trésorier du Lutrin à celle de benir.

Nous sommes précisément dans ce moment de chaleur & d'enthousiasme que toutes les nouveautés inspirent à notre Nation. Le zéle des Arts nous transporte. Les Bouffons n'ont-ils pas tourné la tête aux Amateurs de la Musique Italienne? Avec quelle douleur les Partisans de celle de Lulli n'ont-ils pas vû le triomphe de ces Novateurs? Les applaudissemens qu'ils ont reçus peuvent-ils être autre chose que le fruit d'une yvresse, qui peut-être fait tort à la raison, mais où sûrement le plaisir trouve son compte? Hé plût au Ciel qu'on n'innovât qu'en Musique; & que l'esprit de Fanatisme ne se mêlât jamais que des choses frivoles! Ce qui est le fléau de l'humanité ne feroit qu'apprêter à rire aux Philosophes.

C'est l'ardeur que le Public paroît témoigner pour les Arts qui a fait naître l'idée du *Voyage Pittoresque de Paris*: il est aujourd'hui du bel air de visiter les Cabinets des Curieux. L'Auteur est un guide qui s'offre à vous pour vous y conduire. Il en a la clef; s'il n'en a pas la connoiſſance; s'il ne peut pas vous mettre au fait du mérite des Peintres, il vous en apprend du moins les noms, c'eſt toujours quelque choſe. Cela n'empêchera pas que la richeſſe de la Bordure ne frappe plus de Spectateurs que l'excellence du Tableau. La ſenſibilité aux beautés de la Peinture exige plus de qualités que le commun du monde n'en ſuppoſe. Il n'y a que les ames d'un certain ordre qui ſoient touchées du Beau en quelque genre que ce ſoit. Outre les cinq ſens auſquels l'homme doit la variété de ſes plaiſirs, dans les différentes manieres de jouir de ſon exiſtence, il en eſt un ſixiéme, autre que celui dont parle M. de Buffon, qui eſt commun à toute l'eſpece animale, celui-ci ne ſe trouve que dans ceux que la nature a privilégiés. C'eſt le ſens par lequel on eſt affecté des beautés des différens Arts, de la Poëſie, de la Muſique ou de la Peinture. Le plus grand nombre des hommes avec des oreilles & des yeux ni n'entendent ni ne voyent; s'il faut de l'imagination pour rendre un objet il en faut auſſi pour ſentir s'il eſt bien rendu. * Voilà le ſixiéme ſens dont il s'agit, qui ne tient rien des cinq autres, puiſqu'il eſt purement ſpirituel.

Je pourrois citer ici pluſieurs traits de cet enthouſiaſme qui échauffe tous les eſprits. Un de nos curieux, jaloux de l'honneur de la Nation, ſacrifie ſeize mille livres pour empêcher de ſortir de France les triſtes reſtes d'un chef-d'œuvre du Correge. Je veux parler de la fameuſe Léda du Palais Royal. **

---

* *Illi qui Pictoria artis Opera inſpiciunt, imaginativâ facultate indigent, nemo enim rectè laudaverit pictum equum, niſi qui animal illud animo concipiat, cujus ſimilitudinem pictura exprimit.*

Philoſtrat. Lib. III. Cap. 10.

** On peut voir dans le catalogue des Tableaux de M. Coypel premier Peintre du Roi, la deſcription de ces différens lambeaux, & le Tableau même nouvellement reſtauré dans le Cabinet de M. Paſquier. L'état où étoit cette admirable Léda, dont feu M. le Duc d'Orléans avoit brûlé la tête, rappelle l'hiſtoire de cette Venus, qu'Apelle avoit commencé pour les habitans de Coos, & que la mort qui le ſurprit, l'empêcha de finir; ouvrage ſi excellent que nul Peintre ne fut aſſez har-

Un Citoyen connu par son goût & son zele pour les Arts, achete la

---

di pour entreprendre d'achever ce qui restoit à faire, M. Delyen a été plus courageux, il a fait à cette Léda une nouvelle tête, qu'un journaliste dit *si admirable & si frappante de vérité, qu'il n'étoit pas possible que l'ancienne fut plus belle, ni mieux assortie au reste du Tableau.* Comme il ne s'agit pas ici de littérature, cet ingénieux Ecrivain ne sera pas surpris qu'on ne soit pas tout-à-fait de son avis. On peut être un très-grand Peintre, & ne pas assortir une tête à une figure du Correge, il est difficile d'atteindre à ses graces, & quant à sa couleur, tout le monde sçait que c'étoit celle de la nature, qu'elle lui en avoit fait présent, & qu'il l'a emporté avec lui. On peut louer la tête que l'on voit aujourd'hui dans ce Tableau, mais il est aisé de s'appercevoir qu'elle n'est pas du Correge. A la couleur qui tranche trop avec celle de la figure, on reconnoît le Peintre moderne, & il est bien difficile que le tems y mette cet accord qui y manque aujourd'hui. Quelqu'agréable que soit la tête, pour peu qu'on se connoisse en Peinture, on devinera de plus qu'elle est d'un Peintre François; la plûpart des nôtres ont une maniere gracieuse à la vérité, mais petite, dont ils ne peuvent jamais se départir, c'est un reproche que les Italiens nous font, & il faut qu'il soit fondé, puisque M. Delyen lui-même y est tombé dans un

Colonne de l'Hôtel de Soiſſons, uniquement pour empêcher qu'on ne détruiſe un Monument Public qui tiendra toujours un rang conſidérable parmi les Antiquités de Paris. Qu'eut fait de plus a Rome Sixte-Quint occupé des embelliſſemens de cette Capitale du Monde!

Ouvrage où il cherchoit celle du Correge. D'ailleurs on ne doit pas être ſurpris qu'il manque à cette tête ce qu'il étoit impoſſible à tout autre qne le Correge de lui donner. Les Connoiſſeurs qui ſont en droit d'exiger que l'on conſulte la Fable pour les ſujets qui en ſont tirés, ſe plaindront de ce que le Peintre François n'a pas obſervé le *coſtume* pour la couleur des cheveux, il y eſt dit expreſſement que ceux de Léda étoient noirs. * Tout cela n'empêchera pas que *les noms de M M. Pasquier & Delyen ne paſſent enſemble à la poſtérité*. C'eſt au goût de l'un, & au travail de l'autre, que l'on doit la reſtauration d'un ſi bel Ouvrage; mais on croit pouvoir dire que ſi le Peintre Italien revenoit de l'autre monde tout exprès pour le voir, il pourroit en être reconnoiſſant ſans en être jaloux. L'Italie elle-même n'a eu que peu de Peintres capables de donner de la jalouſie au Correge.

* *Leda fuit nigrâ conſpicienda comâ.*
Ovid. Amor Lib. II. El. 4.

S'agit-il

S'agit-il d'ériger à Paris une Statue au Vainqueur de Fontenoy & au Pacificateur de l'Europe ? Que d'Ecrits, que de Plans, que de Projets de gens qu'on ne se seroit jamais avisé de consulter ! On a été jusqu'à évoquer les Mânes du grand Colbert ; il est vrai que le charme n'a pas réussi & que le Public ne s'y est pas trompé : il n'a pas pris pour l'Ombre de ce célébre Ministre, je ne sçais quel Fantôme décharné que l'on a fait paroître sous son nom, & qui parloit pourtant bien comme un Etre revenant de l'autre monde, car il ne sçavoit rien de ce qui se passe en celui-ci. Dans ce moment d'effervescence, les uns se prennent pour le Louvre d'une passion qui va jusqu'à leur ôter le repos ; les autres sous prétexte d'embellir la Ville en détruisent la moitié. Chacun dans son quartier prend un compas, & abat sans pitié tout ce qui se trouve circonscrit par le cercle que sa main a tracé. Dans de semblables projets, seroit-il raisonable de regarder à la dépense ? Les millions, les milliards ne coûtent pas plus à l'Architecte qui fai le dessin d'une place, qu'à l'Amateur entousiaste, dont il adopte les idées. C'est ainsi que pensoient les Romains ; pourquoi ne serions-nous-pas comme eux !

Heureusement le Prince plus sage & plus œconome du trésor public, que tous ces esprits échauffés & enivrés de leurs projets, a décidé. * Il fait consister sa véritable gloire à ne consulter que l'intérêt du Peuple, dont il est le Pere, satisfait de l'amour de ses sujets, il met des bornes à lenr zele, & se montrant digne en tout du titre de *Bien-aimé* qu'ils lui ont donné, il ne veut pas que le Monument qui doit le transmettre à la postérité, cause le plus petit trouble au moindre des citoyens. Aussi grand par cette façon de penser, que par la victoire de Fontenoy, dont la Statue Equestre que l'on va ériger, doit éternisér la mémoire. Ce sont ces

* On a déja creusé l'espace où l'on doit élever ce Monument, c'est entre le Jardin des Thuilleries & les Champs Elisés, en face du Pont tournant.

marques de bonté & de tendresse envers ses peuples qui ont fait surnommer Titus, les délices & l'amour du genre gumain. Les Historiens qui ont parlé de la magnificence des Monumens de l'ancienne Rome, ont toujours estimé ces Ouvrages, selon l'utilité ou le dommage que le Public en recevoit. Vespasien, au rapport de Suétone, s'acquit la bienveillance des Romains, en rendant au peuple le quartier dont Neron s'étoit emparé avec violence, & en faisant élever dans le lieu où celui-ci avoit fait creuser un étang d'une grandeur prodigieuse, * cet Amphithéatre qu'on connoît encore aujourd'hui à Rome sous le nom de Colisée.

Le siécle passé étoit le siécle de l'esprit, c'est probablement ainsi qu'il sera appellé dans la Postérité : en ce cas celui-ci pourroit bien s'appeller le Siécle du goût : le génie de la Nation paroît se tourner de ce côté-là. Ce n'est pas que je prétende qu'on ait

* Martial de Spect. Epig. 2.

rien ajouté de nos jours au dégré de perfection, où les Arts ont été portés sous Louis XIV, mais il semble du moins que tout concourt à leur faire reprendre une nouvelle vigueur, la protection du Souverain, & le goût de la Nation. Ce genre est peut-être celui où nous avons le moins dégénéré de ce siécle fameux, qu'avec tant de raison on a comparé à celui d'Auguste. La gloire de notre Théatre est prête à s'éclipser. * Le goût de la vé-

---

* On ne citera point ici par égard pour les Auteurs, beaucoup de Piéces modernes qui justifient cette réflexion. Parmi le grand nombre de Tragédies de ces derniers tems, combien en restera-t-il au Théatre? Les applaudissemens, le nombre des représentations même ne prouvent plus rien en faveur d'un Ouvrage, on n'en connoît le vrai mérite qu'à l'impression.

„ Un Clerc pour quinze sols, sans craindre le hola,
„ Ne peut plus au Parterre attaquer Attila.

C'est le défaut de cette liberté qui fait passer tant de Piéces au-dessous du médiocre, & c'est aussi ce qui a échauffé la bile d'un Poëte de nos jours.

ritable éloquence se perd. Je ne parlerai pas des autres classes de notre littérature ; je m'en tiens tant que je pais aux réflexions générales. Autant on doit chercher à intéresser le Public par des observations utiles, autant on doit éviter d'entretenir sa malignité par des Critiques particulieres. Tandis que les lettres tombent ainsi en décadence, quelle foule d'Artistes & de grands Artistes n'avons-nous pas encore dans un tems où ils sont si rares en Europe, & où l'Italie même en est presque entiérement dépourvue.

Les Peintres de Rome ont le chagrin d'y voir à présent exécuter en Mosaïque, la *Messe Grecque* destinée pour une des Chapelles de l'Eglise de St. Pierre, * d'après le Tableau de

---

„ Le Parterre n'est plus ce qu'il fut autrefois,
„ On peut s'en rendre maître en achetant les voix.
„ On fait agir par-là cette illustre cabale
„ Si favorable aux uns, aux autres si fatale.
„ Qui feroit aujourd'hui donner à Suréna

. . . .

. . . .

„ Combien l'ordre public nous impose d'entraves !
„ Jusques dans nos plaisirs nous devenons esclaves.
„ Au Théatre François bientôt pour spectateurs
„ On ne souffrira plus que des admirateurs.

* Voüet, le Poussin & le Valentin sont les

même grandeur, d'un jeune Peintre

---

seuls Peintres François, dont il y ait des Tableaux à St. Pierre. Ceux des deux derniers sont exécutés en Mosaïque. Ces sortes d'Ouvrages coûtent des sommes immenses, ils sont faits pour passer à la postérité la plus reculée, ce qui les rend d'un prix inestimable. Mais ceux qui assurent que ces Copies sont aussi parfaites que les Originaux, ne les ont pas vu, ou ne les ont pas examiné avec des yeux assez éclairés. Un connoisseur trouvera encore de grandes différences entre la Sainte Petronille du Guerchin, & la copie en Mosaïque, que l'on a substitué en sa place, quoique ce soit peut-être le morceau où la perfection de cet Art a été portée le plus loin. Plusieurs Auteurs, & entr'autres celui du *Dictionaire de Peinture*, mettent au rang des plus beaux Ouvrages de Mosaïque, le Pavé de l'Eglise de Sienne. Il est cependant d'une espéce bien différente des autres. Il n'est point composé de ces petits cubes de pierres naturelles de toutes couleurs, ou de verre & d'émail pétris & durcis au feu. Ce Pavé est fait de trois espéces de marbre, l'un d'un blanc éclatant, l'autre d'un gris un peu obscur, & le troisiéme noir; le premier sert pour les fortes lumieres, le second pour les demi-teintes, & le dernier pour les ombres. Il y a des hachures remplies d'un mastic de marbre noir, qui joignent les ombres avec les demi-teintes, & qui en marquent fort bien les passages. Il n'est point

François nommé Subleyras, * Pensionaire de l'Académie de France, que Louis XIV a établi à Rome, & qui n'a pas assez vêcu pour être de celle de Paris, dont il auroit soutenu la gloire. On peut juger du mérite de cette grande & magnifique composition, par le petit Tableau qu'en ont Mrs. de la Curne, & qui est de la main de l'Auteur.

Le plus jeune de Mrs. Slodtz, celui qui s'est rendu si digne du nom de Baptême ** que ses Parens lui ont donné, a laissé à Rome un monument de son habileté, qui fait hon-

---

d'Ouvrage de clair obscur qui ait plus d'effet; mais comme tout y est traité par grandes parties, & que chaque morceau de marbre a les contours du membre de la figure ou du plis de la draperie où il est employé, il me semble que ce travail appartient plus à la Marqueterie qu'à la Mosaïque, ainsi que tous ces Tableaux de rapport que l'on fait aujourd'hui à Florence, en pierres de couleurs naturelles.

* Il a aussi fait le Portrait le plus ressemblant du Pape régnant. On reconnoît par l'estampe qui en est gravée, qu'en cette partie il avoit pris Rigauld pour modéle.

** Michel-Ange.

neur à notre Nation, c'est une Statue de St. Bruno, * placée à St. Pierre,

---

* On en voit l'Estampe au Sallon, gravée par M. Gallimard, d'après le dessin de l'Auteur. Il y a entre les Pilastres de la Nef de St. Pierre, deux rangs de Niches, où l'on place aux dépens des différens Ordres Religieux, les Statues des Saints qui en sont les Fondateurs. Le St. Bruno de M. Slodtz, est la premiere d'un Sculpteur François, qui ait eu cet honneur, & en est une des plus dignes. Peut-être est-ce encore à l'Académie de France qu'il faudroit s'adresser pour celles qui restent à faire; mais la jalousie nationale est à craindre; elle empêche souvent de rendre justice au mérite. Les Italiens ne laissent pas de reconnoître aujourd'hui celui d'un autre Sculpteur François qui ne s'est pas moins distingué à St. Jean de Latran. On a orné la nouvelle décoration de la Nef de cette Eglise, des Statues des douze Apôtres. Le St. Barthelemi de M. le Gros ne le céde à aucune, & l'emporte sur la plûpart. Un des morceaux les plus beaux & les plus considérables de la Sculpture moderne qui soient à Rome, est encore de ce grand Artiste. Il est dans l'Eglise du College des Jésuites, & représente St. Stanislas Koska, enlevé au Ciel par les Anges. Comme on n'a rien en France de M. le Gros, qui a toujours travaillé à Rome, ceux qui ne le connoissent pas, seront à portée de prendre du moins quelque idée de l'excellence de cet Ouvrage,

&

& l'une des plus belles de ce superbe Edifice, qui rassemble tant de Chefs-d'œuvre dans tous les genres.

---

lorsque M. Cochin voudra bien publier les richesses de ce genre, qu'il a ramassé en Italie. Il a dessiné ce grand morceau, & l'on trouve dans ses dessins, non seulement tant d'exactitude & de précision, mais encore tant d'esprit & de goût, qu'il est aisé d'y reconnoître les différentes manières de chaque Maître, & que l'on ne peut trop admirer la sienne. Unique peut-être en son talent, il ne lui faut qu'un crayon pour faire sentir tout l'effet du relief, & presque jusqu'à celui de la couleur.

Voici encore un fait que pour l'honneur de nos Artistes, je ne dois pas passer sous silence, les Romains d'aujourd'hui ne sont pas moins avides des spectacles, que leurs Ancêtres. On ne voit rien ailleurs que l'on puisse comparer à ceux du Carnaval de Rome. La noblesse n'épargne rien pour y briller, soit par la richesse des habits, soit par la singularité & la magnificence de ces chars superbes que six chevaux traînent si majestueusement au cours. Il y a quelques années que les Pensionaires de notre Académie y donnerent un essai du goût François, par une de ces Mascarades ingénieuses, qu'à Florence où les premieres ont été imaginées, on nommoit *Canti*, & pour lesquelles deux Peintres Florentins, Pierre Co-

Comme le ton des gens d'un certain rang décide de tout en France, une preuve du triomphe que les Arts y remportent aujourd'hui ſur les lettres, c'eſt que depuis quelques années la réputation d'homme de goût eſt auſſi recherchée parmi ceux qui veulent ſe diſtinguer, que l'étoit du tems de Moliere, celle d'homme d'eſprit. Il eſt vrai qu'elle coûte beaucoup plus à celui qui y aſpire, quoiqu'elle ſoit moins à charge à la ſociété. Un homme de la Cour, tel que l'Oronte du Miſantrope ne vous ennuyera pas à préſent par le récit d'un Sonnet, il ſe contente que vous admiriez ſa Tabatiere. Un amour propre qui borne là ſes pré-

---

ſimo & Cranacci ont eû tant de talent. L'imagination de nos François dans cette occaſion ſe diſtingua ſi heureuſement par l'invention & la bizarrerie du ſpectacle, qu'elle fut univerſellement applaudie, ſoit pour le deſſin, ſoit pour l'exécution. C'eſt ainſi que le goût de quelques Artiſtes vint à bout d'éclipſer la richeſſe des Chars les plus magnifiques, & d'étonner les Romains eux-mêmes dans un genre de ſpectacle, qui leur eſt aujourd'hui particulier.

tentions, n'eſt pas difficile, & cependant entend aſſez bien ſes intétêts. Il eſt plus aiſé d'avoir des bijoux riches que de faire de bons vers. D'ailleurs la Boëte ſera d'un habile ouvrier, ſans être un Philinte on en peut louer le travail. Pourquoi ne pas ſouſcrire à des éloges qui peuvent flatter la vanité de celui qui les exige, ſans qu'il en coûte rien à la vérité de celui à qui on les demande ? Notre Oronte ne manquera pas de ſe vanter d'en avoir donné le deſſin. Le meilleur Ouvrier de Paris qu'il aura employé, n'aura eû que le mérite de l'exécution. A la bonne heure. Eſt il ſi difficile de ſe faire à de ſemblables propos ? Ils ſont dans la bouche de tous nos Petits-Maîtres. * N'eſt il pas juſte que celui

---

* L'Auteur anonime d'un Poëme imprimé depuis peu en Hollande, définit ainſi le Petit Maître.

„ Les grimaces, les airs, le ton d'un Petit-Maître
„ Ne m'en impoſent pas. Qu'eſt-ce qu'un pareil être ?
„ C'eſt une eſpêce à part qui n'a que du caquet,
„ Qui penſe, qui raiſonne autant qu'un Peroquet.
„ Mélange monſtrueux de l'un & l'autre Sexe,
„ On doute auquel des deux il faut que l'on l'annexe :

qui met cent louis à une Boëte, retire de maniere ou d'autre l'intérêt de ſon argent? Lorſqu'il ſe repaît de cette fumée, & qu'il ſe ruine pour l'obtenir, il y auroit de la barbarie à lui refuſer le titre d'homme de goût, qu'il conſent de payer ſi cher. Tout le monde s'en pique à préſent. Du tems de nos Peres, plus magnifiques peut-être, mais à ce que nous croyons, moins élégans que nous, on laiſſoit faire ſon habit à ſon Tailleur, ſes équipages à ſon Sellier, & ſa maiſon à ſon Architecte, & en général je ne ſçais ſi les choſes n'en alloient pas mieux. Aujourd'hui perſonne ne fait rien faire qu'il n'y veuille mettre du ſien. Autant on étoit

„ Si nous ſommes contrains à le déſavouer,
„ Les Femmes rarement ont lieu de s'en louer.
„ Ce que l'on doit placer au rang des bagatelles,
„ Les habits, les bijoux, les pompons, les dentelles,
„ Aux yeux d'un Petit-Maître eſt d'un tout autre prix ;
„ Ce ſont les ſeuls objets dont ſon cœur ſoit épris.
„ Sottement occupé du ſoin de ſa parure,
„ Il n'aime en effet rien que ſa propre figure.
„ Le matin chez Paſſau, le ſoir chez Galluchat
„ Il geſticule, rit, danſe & fait l'entrechat.
„ Mais le ſimple Pantin, ſa véritable image
„ Dans tous ſes mouvemens me plairoit davantage :
„ Celui-ci geſticule au moins ſans dire mot,
„ Et l'Automate même eſt préférable au ſot.

alors attentif à se copier les uns les autres, autant on l'est à présent à se distinguer. Nous portons en tout cet esprit : le sens commun n'est plus un mérite que l'on recherche, chacun abonde dans le sien. Chacun veut briller. Le clinquant qui imite l'éclat de l'or, est à la portée de tout le monde. Notre Nation s'est à la fin lassée du reproche que nos voisins lui ont fait si souvent, d'être une *Nation Moutoniere*. Ceux d'entr'eux qui ont fait une vertu de la singularité, ne la poussent pas à présent plus loin que nous, soit dans leurs vêtemens, soit dans leur façon de penser. Quels étranges Ouvrages de Morale ne produit pas chaque jour cette Philosophie étrangere que nous avons adoptée ! quelle Philosophie que celle qui sappe les fondemens de toute Religion ! Ceux qui n'ont pas l'avantage funeste de pouvoir y atteindre, cherchent du moins à paroître Philosophes par leur extérieur. Tel est le motif de la plûpart de ceux qui ont emprunté des Anglois, ces habits du matin, où sous prétexte de la commodité, chacun se livre à la bizarrerie de son goût. De combien n'avons-nous pas surpassé le ridicule de nos modéles ? On brave la décence publique au point de paroître aux Thuilleries dans un état où la politesse n'auroit pas permis autrefois de se lasse r voir chez soi. Dans les autres habillemens, quelles bigarures ! Il n'y a plus d'etoffes ni de couleurs particulieres pour les différens sexes & les différens âges. Les gens les plus sérieux ne se font aucun scrupule de porter des habits, dont les dessins chamarrés & les couleurs tranchantes conviennent à peine aux jeunes gens qui sortent du College.

De toutes les choses qui annoncent un homme de goût, il n'en est point de plus essentielle que les équipages ; c'est la voye la plus prompte de s'afficher pour ce qu'on est, ou du moins pour ce qu'on se croit. L'élégance des meubles ne peut être connue que de ceux qui fréquentent une Maison : tout le Public est à portée de juger de celle d'un carosse. La premiere représentation d'une Piéce ne faisoit pas autrefois plus de bruit à Paris, qu'en fait à présent une

Voiture nouvelle qui paroît sur le Boulevard. C'est le Théâtre où se font ces sortes de débuts. Selon qu'elle est de bon ou de mauvais goût, on siffle ou l'on applaudit celui qui s'y présente sur la Scene.. On connoît toutes les prétentions de son amour propre; il est obligé de répondre de sa Voiture comme de son Ouvrage. Quelle n'est pas en effet la satisfaction d'un homme, qui, couché nonchalamment dans une *Désobligeante*,* jouit en secret du succès d'une Voiture de son invention, qui attire tous les regards : convaincu comme il l'est que tout le monde l'y admire, il n'est pas douteux qu'il ne se dise en lui-même :

At pulchrum digito monstrari & dulcior hic est.

C'est une ressource heureuse pour ceux qui n'ont pas de quoi briller par leur esprit ; en dépensant, ils sont sûrs de passer pour gens de goût. Ils amusent dumoins par la nouveauté du spectacle, les yeux de ceux dont par des discours vuides de sens, ils ne pour-

* Voiture à une seule place, que pour cette raison on appelle ainsi par plaisanterie.

roient qu'étourdir les oreilles. S'il n'est pas absolument vrai que la plûpart des gens riches qui font faire ces Voitures de marque, ayent de quoi diriger l'ouvrier qui en donne les dessins & celui qui en exécute les ornemens, tous ne sont pas cependant dans le cas de M. Guillaume, qui n'imagine les couleurs de ses draps qu'avec son Teinturier. Il y a aujourd'hui beaucoup de goût parmi les gens du monde, & l'on n'en voit nulle part autant de preuves que dans les équipages. Si la commodité d'une Voiture étrangere la fait adopter en France, sans que sa forme perde rien de ce qui lui est propre, elle y reçoit bien-tôt la sorte d'agrémens dont elle est susceptible : l'Ouvrier seul ne s'en aviseroit pas; c'est celui qui l'a fait faire, qui ne se contente pas d'y être à son aise & qui ne veut pas que rien puisse le faire soupçonner de manquer de goût. C'est un avantage que nous avons sur nos voisins, ils s'en tiennent à l'utile : nous le cherchons comme eux, mais nous trouvons de plus le moyen de donner de la grace à ce qui ne leur paroît fait que pour la commodité. Comme c'est encore une partie où chacun se livre à son imagination, il n'est pas étonnant qu'on voye à Paris tant de variété, on pourroit même dire tant d'extravagance dans les formes des Voitures, mais il faut avouer aussi qu'il n'y en eut jamais de plus commodes, ni de meilleur goût. Combien a-t-on été de tems à n'y voir d'autres Peintures que ces mélanges extravagans de treillages, de rocs, de morceaux d'Architecture, d'arbres, & de cascades qui tenoient plus de la bizarrerie d'un songe, que de la composition méditée d'un Peintre. * Un homme d'un goût supérieur en tout genre est blessé d'un dessin de cette espece qu'on lui présente; au milieu d'un Cabinet où il a ramassé des Chefs-d'œuvre de Peinture, il a devant les yeux ceux de Van-Huysum; il en fait dessiner quelques bouquets de fleurs, ornemens tout à la fois plus agréables & plus naturels. Sa Voiture devient aussi-tôt

---

* *Turbata & phantasiis extuantia potius, quam cum gravitate tractata & exagerata videntur.*

Dionys. Longinus. § 2.

le modele de toutes les autres. Quoique le plus grand nombre ne ſoit pas toujours choqué de ce qui eſt mal, il ne laiſſe pas de ſentir ce qui eſt bien, quand on le lui préſente. Les hommes ne jugent de tout que par comparaiſon. On eſt ſatisfait de ce qu'on voit, parce qu'on ignore qu'il y a quelque choſe de meilleur. Il n'y a que ceux que la nature a privilégiés, qui ne s'en tiennent pas même au bien & qui trouvent ce qui eſt mieux.

Rien ne donne plus d'éclat à un caroſſe que ces vernis brillans & ces couleurs tendres qu'on y employe aujourd'hui. Elles y réuſſiſſent toutes juſqu'au Lilas pâle qui eſt ſi fort à la mode. Elles ont encore un effet très-agréable dans de petits cabinets ou dans des gardes-robes, mais qu'elles décorent mal un ſallon ou une gallerie! Quoi de plus triſte qu'une grande Piéce où le lambris & les meubles, les deſſus de porte, les piéds de table, & juſqu'aux bras & aux feux de la cheminée, tout eſt d'une même couleur, où rien n'appelle les yeux que les glaces, qui ne peuvent répéter que cette ennuyeuſe uniformité & le ſtupide étonnement de ceux qui l'admirent. Nous avons des Peintres, pourquoi ne pas enrichir nos lambris de leurs Ouvrages? Quoi de plus propre à orner un Appartement que ces Tapiſſeries magnifiques, qui ſe font à Beauvais, d'après les Tableaux de M. Boucher? Quelque cheres qu'elles ſoient, nous avons à Paris aſſez de gens en état de les payer; ce n'eſt pas le prix qui les rebute, c'eſt qu'il eſt reçu que les Tapiſſeries à Perſonnages ſentent trop l'ancien tems. S'il n'eſt pas étonnant que la triſteſſe de tous ces grands ſujets d'Hiſtoire qu'on y repréſentoit autrefois y ayent fait renoncer, il l'eſt véritablement que celles dont je parle, où il ne regne pas moins de galanterie & de gayeté, que de goût & de richeſſe, n'en ramenent pas la mode.

Jamais on n'a tant dépenſé qu'aujourd'hui pour la décoration des Appartemens: cependant il ſe trouve des parties où l'on porte un eſprit d'épargne que j'ai peine à concevoir. Comment peut-on dans une Salle toute éclatante d'or admettre des deſſus de porte du Pont Notre-Dame. De ſi miſérables Tableaux avec les ameublemens les plus riches font un contraſte ridicule ; on ſe contente d'une mauvaiſe copie de Lancret, parce qu'on ne veut pas payer le Tableau plus cher que le Cartouche bizarre qui lui ſert de bordure ; mais où eſt la néceſſité de placer toujours au-deſſus des portes des Peintures qu'on ne voit pas, & qui le plus ſouvent ne méritent pas d'être vûes ? La Sculpture dont nos lambris ſont ſi fort ſurchargés, y feroit beaucoup mieux : Pline ſe plaint des abus énormes de la Peinture de ſon tems : * dans les Appartemens des Ro-

---

* *Pictura, ars quondam nobilis ; nunc in totum marmoribus pulſa, jam quidem & auro ; nec tantum ut parietes toti operiantur, verum & interraſo marmore, vermiculatis ad effigies rerum & animalium cruſtis. Non placent jam abaci, nec ſpatia montis in cubiculo dilitentia*, &c. XXXV, 1.

Vitruve fait les mêmes reproches aux Romains. *Quare vincat veritatem ratio falſa, non erit alienum exponere. Quod enim antiqui inſumentes, laborem & induſtriam probare contendebant artibus, id nunc coloribus & eorum eleganti ſpecie conſequuntur. Quis enim*

mains, l'or & l'azur éclatoient de toutes parts. On n'y trouvoit que de la richeſſe, point de goût. Nous avons donné dans un excès différent & qui n'eſt pas moins répréhenſible. Les Sculpteurs en Menuiſerie ſont les ſeuls Décorateurs de l'intérieur de nos Bâtimens. Comme ils ſe trouvent ſouvent dans le cas d'être employés par des Architectes qui en ſçavent encore moins qu'eux, ils donnent la loi, où ils devroient la recevoir. Sans s'en douter on porte l'eſprit de ſon talent dans les choſes même qui en ſont le moins ſuſceptibles. Un très-habile Artiſte a conſtruit une Egliſe à Paris : au premier coup d'œil on s'apperçoit que l'Architecte étoit un Orfevre. On croiroit preſque que pluſieurs de nos mai-

---

antiquorum, non uti medicamento, minio parcè videtur uſus eſſe? At nunc paſſim plerumque toti parietes inducuntur accedit huc chryſo colla, oſtrum, armenium, hæc verò cum inducuntur, etſi non ab arte ſint poſita, fulgentes tamen oculorum reddunt viſus; & ideo quod pretioſa ſunt, legibus excipiuntur, ut à Domino, non à Redemptore, repreſententur, Lib. VIII. Cap. 1.

ſons ont été bâties par les Sculpteurs qui en ont orné les dedans. * On vient de gâter la façade d'une des principales de celles qui donnent ſur le Jardin du Palais-Royal par un Balcon en baldaquin d'un goût plus gothique encore qu'Arabeſque, ſûrement ce n'eſt pas un Architecte qui a imaginé quelque choſe d'auſſi petit & d'auſſi puérile pour orner l'extérieur d'un Bâtiment. Le Deſſin doit être du Sculpteur qui a ſi heureuſement percé à jour les baſes des Colonnes. Juſqu'où ne pouſſe-t-on pas dans la Menuiſerie cette richeſſe prétendue d'ornemens, où l'on affecte le travers comme nos peres recherchoient la ſimétrie! On ne ſe contente pas de donner à un panneau de lambris une figure totalement irréguliere; on fait ſuivre aux meubles que l'on deſtine à être mis au-deſſous les travers de ces contours, des ſophas qui ſont faits pour reſter en place ſe pouvoient prêter à cette imagination, dont le but eſt de

* *In multis enim ſunt compti; frigidum verò & curioſum non omnino effugiunt.* Plut.

mettre de l'harmonie & un certain accord dans le tout; mais on ne s'en est pas tenu là, on a été jusqu'à contourner de même le dos d'un fauteuil, de maniere que dès qu'on vient à le déplacer, les yeux ne peuvent manquer d'être choqués de la forme du panneau de lambris & de celle du meuble, qui ensemble n'étoient que bizarres, & qui séparées deviennent extravagantes. L'une & l'autre ne riment plus à rien. La mode dans les habits ne varie pas plus souvent que dans les meubles, si l'on n'est pas surpris de les voir renouveller tous les dix ans, on doit l'être du moins de la folie de ceux qui donnent à des siéges qui sont faits pour être déplacés quand on en a besoin, des formes tellement assujetties au total de la décoration d'un appartement, qu'on ne peut les déranger d'une ligne, sans en gâter toute l'œconomie. De pareilles inventions ne peuvent être que d'un Ouvrier qui dessine avec quelque facilité. Un homme qui mériteroit le nom d'Architecte ne s'égareroit pas jusques-là.

M. Messonier que nous venons d

perdre depuis quelques années eſt celui que l'on doit accuſer de ce renverſement de formes dans les ornemens de toute eſpece, qui n'a regné que trop long-tems en France. Quoi-qu'il n'inventa pas auſſi heureuſement qu'il deſſinoit, on ne peut nier qu'il n'eut du génie dans les Arts ainſi que dans les lettres, il en faut pour changer le goût de toute une Nation. Il eſt vrai que la nôtre ſe laiſſe aiſément entraîner par tout ce qui porte le caractere de la nouveauté. Tout étrange qu'eſt le genre de M. Meſſonier, il n'étoit pourtant réellement neuf que pour nous. C'eſt au Boromini, dont il eſtimoit juſqu'aux égaremens, qu'il faut remonter, comme au premier auteur de ce mauvais goût, qui ne ſe fait que trop ſentir dans pluſieurs Bâtimens modernes de Rome. M. Meſſonier n'ayant pas eu les mêmes occaſions de porter ces écarts dans l'Architecture, où ils ſont encore plus ridicules, s'eſt livré dans le deſſin à toutes les imaginations d'un eſprit fécond à la vérité, mais déreglé. * Ce

---

* *Ob novitatis ſtudium ii, qui nunc ſunt*

n'eſt

n'est pas que dans ces compositions les plus bizarres, on ne reconnoisse le coin de l'habile homme; il a sçu racheter par des traits de génie, ce qui lui a manqué de sagesse. Voilà ce qu'on ne trouve pas dans ceux qui l'ont imité. Ils n'ont pu atteindre à ce qu'il a de mérite; ils n'ont copié que ses défauts. Dans un tems où la contagion devenoit presque générale, quelles obligations n'avons-nous pas à quelques Artistes d'un génie plus heureux & plus sage, de nous avoir enfin rappellé au vrai goût, qui est celui de l'Antique? C'est par des Ouvrages où ils en ont atteint les beautés, qu'ils sont venus à bout de nous faire sentir le ridicule de toutes ces formes bizarres qui ont été si long-tems à la mode. Quoique le Tombeau de M. de Bezeval qui est à St. Sulpice, soit peut-être le morceau le plus sage de M. Messonier, qu'on le compare à celui que M. Bouchardon a fait dans la

---

maximè insaniunt. A quibus enim ipsa bona nobis, fermè ab iis ipsis, quæ mala sunt, ortum suum habere solent Dionys. Longinus.

O

même Eglise, pour Mde la Duchesse de Lauraguais, en mettant à part la beauté du dessin & de l'expression de cette figure, & n'examinant que les accessoires qui décorent ces deux monumens, on reconnoîtra de combien une belle & noble simplicité l'emporte sur tous ces contrastes recherchés, dont l'effet ne peut jamais être que petit. En cela tous les Arts se ressemblent. En Peinture, en Poësie, en Musique, il n'y a que les beautés simples qui produisent de grands effets. Nos Artistes qui les avoient trop négligé, ont porté si loin leurs égaremens, que le Public qui a ouvert les yeux, s'est enfin apperçu que toutes ces compositions qui ont l'air si riche, ne sont qu'une pauvreté déguisée, & n'ont que de la hardiesse sans génie, & de la variété sans agrément.

Déja nous commençons à revenir de ces déchiquetures dorées & pueriles, qui faisoient tout l'ornement de nos Plâfonds. La Peinture qu'on en avoit bannie, va rentrer dans ses droits. C'est la décoration la plus noble des lieux où cet Art peut déployer ses richesses. Rien ne contribuera davantage à en ramener le goût, que l'usage judicieux que l'on en a fait dans quelques Bâtimens modernes, qui sans être exempts de critiques, sont pourtant honneur à notre Architecture.

Aussi faut-il avouer qu'il est rare, que ceux qui professent cet Art, trouvent des occasions aussi favorables, d'exercer leurs talens, & de donner une libre carriere à leur génie. *Ars magna sicut flamma, materiâ alitur, & motibus excitatur, & urendo clarescit. Crescit enim cum amplitudine rerum vis ingenii, nec quisquam clarum & illustre opus efficere potest, nisi qui materiam parem invenit.* *

C'est ainsi que les Arts semblent reprendre le chemin de se perfectionner parmi nous. Nous avons vu nos plus grands Auteurs dramatiques, recourir aux Peintres de décorations pour assurer le succès de leurs Tragédies. Les tems ont encore bien changé depuis. Un Art qui ne fut jamais mis

---

* De causis corr. Eloqu. Cap. 36.

au rang des Arts libéraux, parce qu'il n'est pas de ceux où l'esprit soit la premiere disposition qu'il y faille apporter, fait aujourd'hui l'unique soutien de nos spectacles. Les Théatres de Paris, quoique de nature si différente, ne brillent plus que par la danse, qui leur est devenue commune. Elle faisoit la moindre partie de l'Opéra même, lorsque la beauté des paroles répondoit à celle de la Musique. Dans plusieurs Ballets ingénieux, tels que *l'Europe Galante*, *les Fêtes Vénitiennes*, *les Elémens & Zélindor*, elle n'occupe encore que le troisiéme rang. On lui donne aujourd'hui le premier. Les Paroles de plusieurs Poëmes modernes, si on peut donner ce nom à des compositions où l'on trouve si peu de génie, n'ont d'autre mérite que d'amener des Fêtes, qui sont d'autant mieux reçues, qu'elles délivrent le Spectateur de l'ennui des Scénes. Dans de[illegible]reilles conjonctures, il n'est pas [illegible]nnant que les Bouffons ayent si fort réussi : ils sont venus très à propos, & pour eux & pour nous. On étoit déja tout accoutumé sur le

Théatre lirique, aux Scénes découſues ſans eſprit, ſans dialogue, & où tout eſt ſacrifié à quelques Ariettes brillantes : le Comique le plus bas avoit oſé s'y produire ; on y avoit vu des Farces, qui ſans avoir le picquant de celle * du *Joueur*, étoient beaucoup plus indécentes. Un Spectacle qui paroiſſoit uniquement conſacré à ce genre, s'eſt annobli à meſure que celui de l'Opéra s'eſt dégradé. On trouve plus d'eſprit & de ſentiment, même dans quelques-unes des Piéces jouées à la Foire, que dans pluſieurs de nos Ballets modernes que je pourrois citer.

La Comédie Italienne, qui depuis long-tems eſt dépourvue d'Auteurs, a été forcée pour ſe ſoutenir, de nous donner des ſpectacles bien étranges ſur un Théatre : je veux parler de ces Feux d'Artifice, qui pendant deux ans y ont attiré tout Paris : & il faut avouer que nous avons l'obligation aux Artificiers qu'elle a employé, d'avoir perfectionné cet Art en France. Les nôtres ont du moins appris d'eux à mettre plus de variété, d'effets & de couleurs dans leurs Feux d'Artifice. On ne comprend pas pourquoi les Comédiens Italiens n'ont pas profité davantage de la facilité qu'a le Public, de se prêter à tout ce qu'ils imaginent de bizarre pour l'amuser. Puisque de pareils spectacles leur avoient si bien reussi, ils ne risquoient rien à en hazarder d'autres d'une nature toute contraire, qui auroient eû moins d'inconvéniens, & qu'à très-peu de frais ils pouvoient exécuter sur le Théatre. Ils ont la matiere toute prête, il ne se seroit agi que de faire quelques dépenses pout en tirer parti. On entend très-bien en France les Machines Hydrauliques. Les Feux d'Artifice etant épuisés, ils devoient leur substituer des jeux d'eau, dont les effets n'étant ni moins curieux, ni moins variés, n'auroient pas manqué d'y attirer le même monde. Ils auroient même pu, pour soulager leur Orchestre, faire construire sur leur Théatre, de ces Orgues que l'air comprimé par l'eau fait jouer. Les Bourgeois de la rue St. Denis, ne se seroient pas lassés d'y voir les répétitions multipliées des merveilles hydrauliques des jardins de Rome, de Frescati & de Colorno. C'est apparemment une ressource que les Comédiens Italiens se réservent pour un autre tems. Dans le moment présent où la danse est si fort à la mode, ils ont mieux aimé avoir recours au talent d'un de leurs Acteurs, qui joint le génie le plus inventif, au sçavoir le plus profond dans l'Art Chorégraphique. Le succès a passé leurs espérances ; l'esprit qui régne dans leurs Ballets, leur attire continuellement une foule de spectateurs, dont la moindre variété dans un pas, pique la curiosité, & qui sont plus sensibles à ce qui touche les yeux, qu'à ce qui frappe les oreilles.

Les Comédiens François non moins allarmés que jaloux du triomphe de leurs Rivaux, pour prévenir la désertion totale dont leur spectacle étoit ménacé, sur-tout par l'absence de quelques-unes de leurs principales Actrices, se sont cru dans la nécessité de recourir aux mêmes expédiens.

Leur attente n'a été que trop souvent trompée par de jeunes Auteurs, qui sont entrés dans la carriere dramatique, avant que de la connoître, & qui n'ayant pris pour guide qu'une imagination déréglée, se sont égarés dès les premiers pas qu'ils y ont faits. * Les Comédiens François, dis-je, se voyant ainsi abandonnés de Clio, presque autant que de Melpomene, ont espéré de trouver, si non dans les graces, du moins dans les caprices de Terpsicore, de quoi rappeller le Public : ils ont fait venir des Danseurs étrangers. Les Comédiens François enfin, aux risques de compromettre leur dignité, pour faire tête à leurs Compétiteurs, se sont vus réduits à se

* *Nesciunt homines qui sit poëticæ licentiæ modus, quò usque progredi fingendo liceat : quum officium Poëtæ in eo sit, ut ea quæ verè gesta sunt, in alias species obliquis figurationibus cum decore aliquo conversa traducat. Totum autem quod referas, fingere, id est ineptum esse, & mendacem potius quam Poëtam.* Lactant. divin. Instit. Lib. 1. Cap. II. Voilà pourquoi les Tragédies de Corneille, de Racine ou de Crébillon, nous affectent si puissamment, tandis que celles de la plûpart de nos Poëtes modernes nous touchent si peu.

faire

faire Balladins comme eux. Si dans ce moment, les premiers remportent la victoire, ils ne doivent cet avantage qu'aux talens d'un Auteur connu depuis long-tems, par des Ouvrages d'un genre qui lui est particulier, & qui sont remplis d'esprit, de délicatesse & de sentiment. Il y a beaucoup d'art à avoir reuni dans une même piéce, tout l'agrément d'un Ballet, & tout le piquant d'une Comédie.

Au lieu des Spectacles pompeux d'Armide ou de Thésée, que nous donne-t-on à l'Opéra ? des Danses. A la Comédie Italienne, qui dans ses Scénes les plus déraisonnables, avoit conservé le privilége de nous faire rire, on ne fait plus que danser. La Danse enfin devient le principal objet de ce Théatre même, que les Chefs-d'œuvre de Corneille, de Racine & de Moliere, avoient mis en si haute réputation par toute l'Europe. C'est ainsi qu'un art agréable à la vérité, mais qui est plus du ressort du goût que du génie, paroît aujourd'hui sur la scéne nous tenir lieu de tous les talens. Nous en faisons trop de cas, pour ne devoir pas craindre que, comme dans les ſpectacles d'Italie, tout ſe réduit aux beautés de la Muſique, * la danſe ne faſſe déſormais l'unique mérite des nôtres. En effet, que penſeront les Etrangers qui nous voyent négliger le Brodequin & le Cothurne, pour des ſpectacles frivoles, s'en tiendront-ils à nous accuſer d'inconſtance, ou plutôt ne s'appercevront-ils pas de cette décadence, dont nos Théatres ſont menacés ? Du moins il eſt certain que nos Ballets n'auront pas de quoi exciter leur jalouſie. Ils nous cedent depuis long-tems, le petit mérite de danſer mieux qu'eux. Il pour-

* Les Italiens commencent à admettre des Ballets dans leurs Opéra, mais qui loin d'avoir aucun rapport au ſujet, y font toujours des contraſtes, & quelquefois les contre-ſens les plus ridicules. Ils ne ſe font aucun ſcrupule d'introduire une danſe de décroteurs dans Xercès, ou une entrée de Cuiſiniers dans Mérope. Comme l'Entrepreneur ne conſulte pas le Poëte pour ces ſortes d'intermede, on a vu dans la *Didon* de M. l'Abbé Métaſtaſe, dont la ſcene eſt à Carthage, un ſpectacle de Traîneaux ſur la glace.

roit même arriver à ceux de nos voisins, qui jusqu'ici nous ont appellé une *Nation Comique*, de nous appeller à l'avenir, une *Nation dansante*. Peut-être est-ce le sentiment de quelques autres avantages que nous pouvons avoir sur eux, qui l'empêche de nous faire grace sur le moindre de nos ridicules.

Dans un Ouvrage, où rien ne peut être étranger, de tout ce qui a rapport au goût, on ne doit pas être surpris que j'aye parlé de nos spectacles, & déploré le triste état où ils sont réduits. Peut-on être François, & n'être pas sensible à la gloire de son Pays? Si dans le dernier siécle, les différens Arts ont également fleuri parmi nous, combien n'ont pas dégénéré dans celui-ci, ceux de tous, qui font le plus d'honneur à l'intelligence humaine. M. le Moine a laissé à l'Académie de Peinture des Eléves dignes de lui. Les Auteurs d'Electre & de Mérope, ne seront pas remplacés. Quoique la Poësie & la Peinture soyent sœurs, il arrive à l'une d'éprouver dans le même tems ou dans le même pays, un sort tout contraire à celui de l'autre. La premiere a fait la plus grande fortune en Angleterre, où la seconde n'a pu même s'établir. La Peinture a pris sa revanche en Flandre, elle a brillé seule, & n'a pas permis que sa sœur, que je crois l'aînée, y mît seulement le pié. Plus heureux que nos voisins, nous avions vu l'une & l'autre se donner la main parmi nous, & marcher d'un pas égal à la gloire: nous devons craindre de perdre cet avantage. La Poësie a l'air d'être lasse des efforts qu'elle a faits, & la Peinture semble reprendre une nouvelle vigueur. On aura peine à se refuser cette vérité, si au sortir du Sallon, on veut lire ceux même de nos Ouvrages de Théatre, qui dans ces derniers tems ont eû le plus de succès.

Quæ apud Poëtas reperiuntur, fabulosiores continent & modum omnem, fidemque superantes casus. At verò in Pictoriâ phantasiâ, præstantissimum semper actionis possibilitas est, & insita veritas. * Il n'est pas aisé d'assigner les

* Dionys. Longinus.

raisons de cette différence & de la décadence où notre Théatre est tombé en si peu de tems. *Hujus ergo præcedentisque sæculi ingeniorum similitudines congregantis & in studium par & in emolumentum, causas cùm semper requiro, nunquam reperio quas esse veras confidam, sed fortasse verisimiles, inter quas hanc maximè. Alit æmulatio ingenia; & nunc invidia, nunc admiratio imitationem accendit; matureque quod summo studio petitum est, adscendit in summum, difficilisque in perfecto mora est; naturaliterque, quod procedere non potest, recedit. Et ut primò ad consequendos quos priores ducimus, accendimur; ità, ubi aut præteriri, aut æquari eos posse desperavimus, studium cum spe senescit; & quod assequi non potest, sequi desinit; & velut occupatam relinquens materiam, quærit novam; præteritoque eo, in quo eminere non possumus, aliquid in quo nitamur, conquirimus, sequiturque ut frequens ac mobilis transitus, maximum perfecti operis impedimentum sit.* Vell. Paterculus.

FIN.

ERRATA.

Page 5. *ligne* 9. je ne sçache *lisez* je ne pense P. 10. l. 8. produit *lis.* produits P. 18. l. 6. introduit *lis.* introduits P. 31. l. 22. dans son sein *lis.* né dans son sein id. l. 23. du Portrait *lis.* du catalogue P. 58. l. 26. pas des *lis* pas les P. 60. l. 14. n'y ait *lis.* n'y eut P. 62. l. 14. le bien *lis.* le but P. 64. l. 13. présenteroit seulement; *lis.* présenteroit; seulement il est &c. P. 68 l. 2. ici deux *lis* ici deux des. Id. l. 12. qui peut *lis.* qui peuvent. *P.* 74. *l.* 3. *ouvrages* lis. *outrages* P. 77. l. 11. imprimé *lis.* imprimée P. 78. l. 14. de la Notte on sçait que *lis.* on sçait qu'elle se plaît. Id. l. 15. Spello *lis.* Spesso Id. l. 19. dolle *lis.* dolce P. 79. l. 17. il pourroit *lis.* il pouvoit P. 80. l. 15. distingué *lis.* distinguée P. 81. *l.* 14. *Blanchaut* lis. *Bianchare* P. 88. l. 9. décoré *lis.* décorée P. 91. l. 9. vu *lis.* vus Id. l. 20. cité *lis.* cités P. 96. l. 20. dans plus *lis.* dans plusieurs. P. 97. l. 25. mettroit *lis.* mettroient P. 105. l. 14. embrassé *lis.* embrassée P. 110. l. 12. employé *lis.* employés P. 111. l. 12. pu *lis.* pût P. 114. l. 5. fait *lis.* faites Id. l. 17. reçu *lis.* reçue. P. 116. l. 2. qoe *lis.* que Id. l. 16. de la Notte Figliosa *lis.* Figliuola P. 118. l. 11. n'est pas trop *lis.* n'est que trop P. 123. l. 25. *qu'entendre* lis. *qu'étendre* P. 124. l. 3. les écrits *lis.* ces écrits P. 128. l. 3. *Mondes* lis. *Monades* P. 134. l. 14. de la Notte, commencé *lis.* commencée P. 135. l. 15. de la Notte emporté té *lis.* emportée P. 142. l. 19. de la Notte, vu *lis.* vues examiné *lis.* examinées Id. l. 23. substitué, *lis.* substituées.

www.ingramcontent.com/pod-product-compliance
Ingram Content Group UK Ltd.
Pitfield, Milton Keynes, MK11 3LW, UK
UKHW021043200726
13857UKWH00003B/795

9 782012 742314